E   N   S   I   N   O

I

IMPRENSA DA UNIVERSIDADE DE COIMBRA
COIMBRA UNIVERSITY PRESS

U

EDIÇÃO

Imprensa da Universidade de Coimbra
Email: imprensa@uc.pt
URL: http//www.uc.pt/imprensa_uc
Vendas online: http://livrariadaimprensa.uc.pt

COORDENAÇÃO EDITORIAL

Imprensa da Universidade de Coimbra

INFOGRAFIA DA CAPA

Carlos Costa

EXECUÇÃO GRÁFICA

CreateSapce

ISBN

978-989-26-1507-3

ISBN DIGITAL

978-989-26-1508-0

DOI

https://doi.org/10.14195/978-989-26-1508-0

© JANEIRO 2018, IMPRENSA DA UNIVERSIDADE DE COIMBRA

APRENDIZAGEM COMPUTACIONAL
EM ENGENHARIA

CATARINA
SILVA

BERNARDETE
RIBEIRO

IMPRENSA DA UNIVERSIDADE DE COIMBRA
COIMBRA UNIVERSITY PRESS

Sumário

Preâmbulo

Hoje em dia a utilização de algoritmos de aprendizagem computacional está completamente disseminada nas mais variadas tarefas de engenharia. Na realidade, a maioria dos verdadeiros utilizadores de aprendizagem computacional não são peritos em Engenharia Informática, em algoritmos ou em Matemática. São profissionais, muitas vezes engenheiros de outras áreas, como a Engenharia Civil ou a Engenharia Eletrotécnica, que pretendem tirar o maior proveito dos algoritmos de aprendizagem para resolver problemas reais, a que os algoritmos mais tradicionais não conseguem responder completamente.

A presente obra dá um passo no sentido de que engenheiros possam usar as técnicas da aprendizagem computacional de forma a que possam desenvolver soluções que promovam ou melhorem a produtividade nos vários domínios. A aprendizagem computacional permite não só a identificação de conceitos a partir dos dados, mas pode também vir a interagir com ferramentas computacionais já existentes apoiando assim a engenharia nas suas diversas vertentes.

Existe muita informação disponível a respeito do funcionamento e implementação da maioria dos algoritmos abordados neste livro. No entanto, a bibliografia fica bem mais reduzida e dispersa quando, além do ensino e investigação de algoritmos, se pretende obter conhecimento da sua aplicação e adaptação a problemas específicos. Este livro aborda diversos temas, que vão desde as abordagens conexionistas, técnicas de aprendizagem por aglomeração de dados, lógica difusa e métodos de computação evolucionária, entre outros, tendo sempre em mente a utilização das técnicas duma forma rápida e eficiente, sem descurar, no entanto, o rigor que o assunto merece.

Assim, o nosso objetivo ao escrever este livro é colmatar essa falha, apresentando um conjunto dos algoritmos mais utilizados e um conjunto representativo dos problemas reais a que podem dar solução. De forma a que o livro seja razoavelmente autocontido, cada capítulo inclui uma pequena introdução ao(s) algoritmo(s) abordado(s), seguida de formas simples de os pôr em prática. Neste sentido, apresentamos o modo de utilização de software (sempre que possível livre) que disponibiliza os algoritmos, a sua configuração e a sua utilização em casos e dados reais.

A inspiração deste livro parte do gosto das autoras pela aprendizagem computacional, particularmente pela sua aplicação a situações reais com o objetivo de a tornar acessível. Nele, as autoras aproveitam a oportunidade do recente sucesso da aplicação da aprendizagem computacional nos mais variados domínios, contribuindo com uma obra estruturada, alicerçada em vários anos de trabalho de docência e investigação e na sua experiência em vários projetos. Trata-se de uma aposta diferenciadora e, esperemos, ganhadora, porque os desafios futuros dos tempos modernos não podem deixar de passar pela extração do conhecimento no mundo cada vez mais competitivo (e inundado de informação) em que vivemos.

Gostaríamos de agradecer a todas as pessoas e entidades que, direta ou indiretamente contribuíram para a elaboração deste livro.

Esperamos que aproveitem ao máximo e que resolvam muitos problemas.

Catarina Silva
Bernardete Ribeiro
2017

Capítulo 1

Introdução

Neste capítulo vamos introduzir os objetivos deste livro e apresentar alguns conceitos base para a compreensão dos algoritmos de aprendizagem computacional e da sua aplicação a problemas reais, que serão expostos ao longo do livro.

1.1 Contexto

O objetivo principal do livro Aprendizagem Computacional em Engenharia é dar a conhecer alguns dos algoritmos mais representativos de aprendizagem computacional, apoiando-se numa abordagem eminentemente prática. Com este intuito são apresentados algoritmos com origens e aplicações diferentes, como as redes neuronais ou as árvores de decisão. Para além da aquisição de conceitos e metodologias, é dado especial ênfase à aplicação prática de cada algoritmo através da introdução de exemplos em cada capítulo, a que o leitor terá acesso de forma a testar de forma autónoma aplicações na área da Engenharia. O público-alvo do livro Aprendizagem Computacional em Engenharia é multifacetado. Por um lado, quem domina alguns dos algoritmos propostos terá interesse principalmente em analisar, testar e expandir as aplicações propostas para cada técnica. Por outro lado, um leitor menos experiente terá acesso a detalhes suficientes sobre a formulação e finalidades de cada algoritmo para apreender os objetivos propostos nos exemplos. O livro pode servir como bibliografia de apoio a disciplinas de licenciatura ou mestrado em Engenharia, mas a forma como os conteúdos são apresentados propícia especialmente uma leitura autodidata. Assim, esperamos que a leitura deste livro estimule o uso de aprendizagem computacional na resolução de problemas de Engenharia do mundo real por parte de atuais e futuros engenheiros.

1.2   Aprendizagem Computacional

A aprendizagem computacional pode ser definida como um conjunto de técnicas que permitem que os computadores aprendam sem ser necessária a sua programação explícita, ou seja, desempenhem tarefas para as quais não foi definido um algoritmo para obter o resultado. Existem inúmeras formas de aprendizagem tanto nos humanos como nos computadores, não sendo por isso de estranhar que muitas das formas de aprendizagem computacional tenham a sua inspiração em fenómenos biológicos como as redes neuronais humanas ou a teoria da evolução, como as redes neuronais artificais e os algoritmos genéticos, repetivamente.

Existem vários tipos de problemas, mas há duas classes que abarcam quase todos os tipos de problemas:

- Problemas de **classificação**: quando o objetivo é colocar os exemplos em uma ou mais classes pré-definidas, por exemplo definir se uma flor é uma rosa ou uma tulipa;

- Problemas de **regressão**: quando o objetivo é dar um valor (normalmente numérico) a uma entrada, por exemplo prever qual a temperatura que vai fazer amanhã.

Em muitas categorizações, a aprendizagem computacional é colocada como um ramo da inteligência artificial, incluindo quase sempre as técnicas de *data mining* (raramente traduzido para mineração de dados) e os conceitos associados ao reconhecimento de padrões (*pattern recognition*). Exemplos típicos de aplicações de aprendizagem computacional incluem:

- Classificação de um *email* como SPAM (ilegítimo) ou não-SPAM (legítimo) com base no conteúdo do *email* e em exemplos anteriores;

- Definição de trajetórias de um *robot* com base numa meta a atingir e nos valores dos sensores que permitem a deteção de obstáculos num ambiente;

- Deteção de caras numa imagem, com subsequente classificação de detalhes de cada pessoa (género, sentimento, etc.);

- Apoio à decisão médica, com base nos resultados de exames de um paciente, que permitem o apoio ao diagnóstico usando exemplos anteriores;

- Apoio a reconhecimento de caracteres, normalmente integrado em sistemas de OCR (*Optical Character Recognition*);

- Previsão do valor de uma ação na bolsa tendo os valores anteriores.

Ockham's razor

O princípio designado por Ockham's razor, também denominado lei da economia ou princípio da parcimónia, avançado por William of Ockham, que viveu nos séculos XII e XIII, diz 'A pluralidade não deve ser usada sem necessidade".

O princípio dá prioridade ao mais simples; de duas teorias rivais, a explicação mais simples de uma entidade é a preferida. O princípio também se expressa como "As entidades não devem ser multiplicadas além da necessidade". Muitas vezes em informática este princípio é usado com a denominação KISS (*Keep it Simple*).

Apesar de constituir uma ferramenta poderosa, como tentaremos demonstrar ao longo deste livro, nem sempre a aprendizagem computacional é a abordagem mais adequada. As técnicas de aprendizagem computacional exigem normalmente um esforço adicional em comparação com técnicas de programação usuais, pelo que devem ser aplicadas sempre que a complexidade do problema o justifique. Quando existem soluções mais simples que encontrem a solução, não se devem aplicar técnicas mais complexas. Por exemplo, para determinar se um número é primo existe um algoritmo eficiente e bem definido, pelo que fará pouco sentido aplicar técnicas de aprendizagem computacional, apesar de tal ser possível. Esta máxima é válida em muitas situações, mesmo quando se escolhe uma técnica de aprendizagem computacional. A solução mais simples é normalmente a melhor, pelo que se deve começar a procurar pelas soluções simples (ver caixa Ockham's razor). Nas secções seguintes iremos abordar com algum detalhe alguns aspetos importantes da aprendizagem computacional, nomeadamente os tipos de aprendizagem, as técnicas de pré-processamento dos dados e a avaliação dos algoritmos de aprendizagem.

1.2.1   Tipos de Aprendizagem

Existem vários tipos de aprendizagem computacional, nomeadamente:

- Aprendizagem supervisionada (Figura 1.1): esta é a forma de aprendizagem mais comum e passa por apresentar um conjunto de exemplos previamente classificados, a partir dos quais se consegue construir um modelo para posterior aplicação em exemplos novos com o objetivo de providenciar a sua classificação. O supervisor/professor será então responsável por fornecer os exemplos adequados para a aprendizagem;

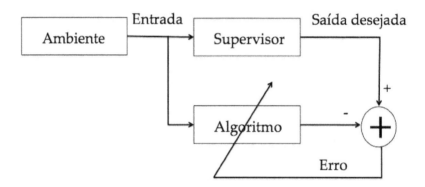

Figura 1.1: Aprendizagem supervisionada.

- Aprendizagem não supervisionada (Figura 1.2): neste tipo de aprendizagem não há um supervisor, pelo que o algoritmo terá de retirar a informação para a sua aprendizagem a partir das entradas disponíveis. Muitos dos algoritmos deste tipo efetuam primeiramente partições dos dados (*clustering*), aprendendo posteriormente a classificar os padrões de entrada num número finito de classes, normalmente com base numa medida de similitude entre as entradas;

Sobre-ajustamento (*Overfitting*)

O conceito de *overfitting* está intimamente ligado ao conceito de generalização. *Overfitting* acontece quando um algoritmo não consegue aprender um modelo que represente os conceitos presentes nos exemplos de treino, ou seja, o algoritmo apenas "decora" os exemplos que observou (faz *overfit*), não conseguindo generalizar. Nesse caso, o modelo resultante consegue apenas dar resposta exata aos exemplos de treino, não sendo capaz de prever a reposta em exemplos genéricos.

Por exemplo se tentássemos criar um modelo para aprender a somar com apenas dois exemplos: 2+2=4 e 3+3=6, e o algoritmo fizesse *overfit*, ou seja, não aprendesse a somar, decorando apenas os resultados daquelas duas somas, não seria possível efetuar somas diferentes das duas apresentadas nos exemplos.

Figura 1.2: Aprendizagem não supervisionada.

- Aprendizagem por reforço crítico: este tipo de aprendizagem tem as mesmas bases que a aprendizagem supervisionada, excetuando o facto de a informação disponível não ser a saída desejada, mas apenas a informação de se a saída apresentada pelo algoritmo está certa (eventualmente com uma medida mais final do acerto). Esta informação é então usada para afinar os parâmetros do algoritmo de forma a aprender os exemplos apresentados.

Em qualquer tipo de aprendizagem, um dos objetivos principais é a criação de modelos com capacidade de generalização. Generalização, neste contexto, é a capacidade de um algoritmo classificar com precisão novos exemplos ainda não observados, depois de ter construído um modelo com base num conjunto de dados de aprendizagem. A ideia subjacente é que um algoritmo generaliza a partir da experiência. Os exemplos de treino são oriundos de uma distribuição de probabilidade geralmente desconhecida e o algoritmo tem de extrair deles algo mais geral, algo sobre a distribuição, que lhe permite produzir previsões úteis em novos casos.

1.2.2   Pré-processamento dos Dados

Independentemente do tipo de problema ou de algoritmo a utilizar, a maioria das aplicações de aprendizagem computacional exige um passo inicial de pré-processamento dos dados reais oriundos do ambiente. O pré-processamento tem o objetivo de tornar os dados válidos e consistentes, aumentando a sua qualidade e também muitas vezes de os colocar num formato em que o algoritmo possa ter um melhor desempenho. Existem várias vertentes do pré-processamento de dados, nomeadamente:

- **Existência de dados inválidos**: por vezes há dados em falta ou dados fora dos valores possíveis. Nestes casos torna-se necessário substituir os dados ou simplesmente retirá-los caso não seja possível obter um valor aceitável para a substituição. Este processo é muitas vezes denominado de limpeza dos dados (*data cleaning*), e consiste na deteção e correção (ou remoção) de registos corrompidos ou imprecisos, i.e., identificar dados incompletos, incorretos, imprecisos, irrelevantes, etc. e depois substituir, modificar ou excluir esses dados "sujos";

- **Existência de demasiados dados com muitas repetições ou não informativos**: neste caso o método de pré-processamento poderá filtrar exemplos de treino iguais ou simplesmente fazer uma amostragem dos exemplos de treino. Este tipo de abordagem denomina-se redução dos dados, uma vez que o conjunto de dados final será menor do que o conjunto original;

- **Necessidade de quantização e normalização**: muitas vezes as gamas das várias entradas são diferentes e não adequadas ao algoritmo em causa. Por exemplo na classificação de flores podemos ter entradas com a cor da flor, entradas com o tamanho do caule, com a época do ano em que florescem, etc., tornando difícil a sua interpretação. Nestes casos pode tornar-se necessário quantizar (definir intervalos de valores para entradas reais, por exemplo) e normalizar os dados. Por exemplo, uma entrada que represente a idade pode ser dividida em gamas para criar valores discretos, que poderão ser mais fáceis de analisar;

- **Filtragem, seleção de características**: esta vertente está ligada à redução dos dados e passa por escolher das características disponíveis as que têm mais relevância para o problema em questão. Por exemplo, se estamos a tentar identificar clientes potencialmente faltosos no caso de um empréstimo bancário, o nome do cliente será muito provavelmente uma característica pouco relevante, que não deve ser selecionada para fornecer ao algoritmo;

- **Extração de características**: quando os dados de entrada são em número elevado para serem processados e há a possibilidade de serem redundantes, então podem ser transformados numa representação reduzida do conjunto de características. Esta representação envolve, de uma forma reduzida, as características originais. Trata-se neste caso não de uma simples filtragem, visto que as novas características não representam valores reais do problema, mas sim de uma representação artificial, potencialmente mais eficiente. Estas abordagens passam normalmente pela criação de novas características, pela análise da correlação entre as características originais, de forma a que as novas características sejam mais informativas.

Principal Component Analysis

A análise de componentes principais (PCA) é um procedimento matemático que utiliza uma transformação ortogonal para converter um conjunto de observações de variáveis correlacionadas, de forma a obter um conjunto de variáveis não linearmente correlacionadas chamadas componentes principais. O número de componentes principais que se pode considerar num determinado problema será menor ou igual ao número de variáveis originais. Esta transformação é definida de tal maneira que o primeiro componente principal tenha a maior variância possível e cada um dos outros componentes tenham variâncias sucessivamente menores, mas sob o constrangimento que sejam ortogonais, isto é, não correlacionados com os componentes anteriores.

1.2.3 Avaliação dos Algoritmos

Um fator muito importante em aprendizagem computacional é a avaliação dos algoritmos de forma a ser possível comparar diferentes algoritmos em diferentes aplicações e escolher, de uma forma informada, o melhor deles em cada situação.

Para que a avaliação do(s) modelo(s) possa ser imparcial, deve ser realizada em dados novos, normalmente designados por dados de teste. Desta forma, o conjunto de dados existente deve ser particionado em duas partes, uma para construir o modelo (para aprender), normalmente designada de conjunto de treino, e outra para testar o modelo, designada de conjunto de teste. Existem várias percentagens comummente adotadas (normalmente designadas por *splits*), estando 50/50, 67/33 e 70/30 entre os *splits* mais usados (a maior fatia recai normalmente no conjunto de treino).

Outra possibilidade alternativa, que tem ganho muita popularidade, é a utilização de validação cruzada (*cross-validation*), em que o conjunto de dados se divide em k partes (k *folds*) e se treina e testa k vezes, usando de cada vez uma das k partes para teste e as restantes para treino.

Além da validação cruzada, existe uma variante denominada validação cruzada estratificada, muito usada em problemas não balanceados, ou seja, em que o número de exemplos de cada classe é muito diferente. Neste caso, garante-se que cada parte tem igual proporção de exemplos de cada classe. De uma forma geral a validação cruzada é frequentemente utilizada por se adequar a conjuntos de dados pequenos, pois o conjunto de teste pode ser minimizado.

Por outro lado, a sua utilização proporciona resultados mais confiáveis do que a utilização de *splits*, pois o *split* é muitas vezes aleatório, podendo enviesar os resultados. Na Figura 1.3 ilustra-se a divisão de um conjunto em k partes (muitas vezes designada por *k-fold cross valididation*). Aplicando *cross-validation* seriam realizadas k iterações e tomada a média e/ou desvio padrão do resultado dos testes como desempenho do classificador. Os conjuntos de treino e teste para a k iterações seriam:

- Iteração 1: Treino com partes 1 a k-1 e teste com parte k

- Iteração 2: Treino com partes 1 a k-2 e parte k, teste com parte k-1

- ...

- Iteração k: Treino com partes 2 a k, teste com parte 1

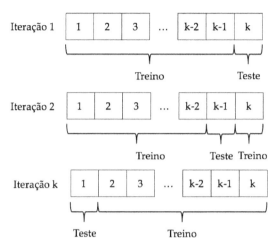

Figura 1.3: *Cross-validation* – divisão de um conjunto de dados em k partes.

Tendo definidos os conjuntos de treino e de teste, temos ainda de nos debruçar sobre as métricas de avaliação dos algoritmos. A mais comum é o erro, mas existem várias medidas a ter em conta que apresentamos de seguida. Tendo como exemplo a classificação de mensagens de email como SPAM, SPAM será a classe positiva e não-SPAM será a classe negativa. Consideremos 100 mensagens a classificar, 80 legítimas e 20 SPAM. Consideremos ainda que o nosso classificador acerta em 70 das legítimas (não-SPAM) e em 5 das SPAM, como se apresenta na tabela (ou matriz) de contingência seguinte (em inglês designada muitas vezes como *Confusion Matrix*).

A definição em linguagem natural das medidas da Tabela 1.1 será:

- Erro: percentagem de exemplos errados do total de exemplos, independentemente da direção do erro, isto é, se são SPAM (positivo) classificados como legítimos (falso) ou vice-versa;

- Acurácia: percentagem de exemplos acertados do total de exemplos, independentemente da direção do acerto;

- Precisão: percentagem dos exemplos escolhidos como verdadeiros que realmente são verdadeiros, isto é, das mensagens que foram classificadas como SPAM, que percentagem é efetivamente SPAM;

Tabela 1.1: Exemplo de tabela de contingência.

	Valor classificado: SPAM	Valor classificado: Legítimo
Valor real SPAM	Verdadeiro Positivo VP=5	Falso Negativo FN=15
Valor real: Legítimo	Falso Positivo FP=10	Verdadeiro Negativo VN=70

- *Recall*, *Sensitivity* ou *True Positive Rate* (Taxa de Falsos Positivos): dos exemplos que efetivamente deviam ter sido encontrados como positivos quantos o foram, isto é, do total de mensagens SPAM que existiam quantas encontrámos;

- *Specificity* ou *True Negative Rate* (Taxa de Falsos Negativos): dos exemplos que efetivamente deviam ter sido encontrados como negativos quantos o foram, isto é, do total de mensagens legítimas que existiam quantas encontrámos;

- Medida F1: média harmónica da precisão e do *recall* com o objetivo de dar uma medida única que valorize de igual modo os erros cometidos em qualquer dos sentidos (FP ou FN).

Cada uma destas medidas apresenta um ponto de vista sobre a atuação de um classificador, ou seja, sobre a avaliação que se faz do método de aprendizagem, e nenhuma pode realmente substituir outra. O erro é uma medida universal que funciona bem em muitas circunstâncias e prima pela sua simplicidade, mas que tem alguns problemas.

Esses problemas surgem em cenários não balanceados, ou seja, em que o número de exemplos de cada classe é muito diferente, pretendendo mostrar-se a diferença entre falsos positivos e falsos negativos, sendo que o erro muitas vezes não o permite. Nesses casos usam-se medidas que enfatizem uma ou outra medida de erro (FP ou FN) ou medidas que as combinem, como a medida F1. A Tabela 1.2 apresenta um resumo da definição das medidas de erro, com o exemplo da tabela de contingência (Tabela 1.1).

Tabela 1.2: Medidas de erro

Medida	Definição	Valor
Erro	$\frac{FP+FN}{VP+VN+FP+FN}$	$25/100 = 25\%$
Acurácia	$\frac{VP+VN}{VP+VN+FP+FN}$	$75/100 = 75\%$
Precision (P)	$\frac{VP}{VP+FP}$	$5/15 = 33\%$
Recall (R) / Sensitivity/ TP rate	$\frac{VP}{VP+FN}$	$5/20 = 25\%$
Specificity / TN rate	$\frac{VN}{VN+FP}$	$70/80 = 88\%$
F1	$\frac{2 \times P \times R}{P+R}$	29%

Uma forma diferente de avaliação dos algoritmos são as curvas ROC (*Receiver Operating Characteristic*), que permitem uma visualização do desempenho de um algoritmo. Uma curva ROC é um gráfico que ilustra o desempenho de um sistema de classificação binária através da variação do limiar de discriminação entre elementos positivos e negativos. Por exemplo consideremos um algoritmo que tem a sua saída no intervalo entre 0 (zero) e 1 (um). Normalmente o limiar de decisão é colocado a meio, isto é, quando a saída é inferior a 0,5 o exemplo é considerado negativo e quando é igual ou superior é considerado positivo. Variando este limiar de decisão vamos tendo pontos de funcionamento diferentes do algoritmo, por exemplo dois pontos extremos:

- Colocando o limiar a 0 (zero), todos os exemplos vão ser classificados como positivos, com TPR = 100

- Colocando o limiar a 1 (um), todos os exemplos vão ser classificados como negativos, com TPR = 0

Com estes dois exemplos extremos temos dois pontos da curva ROC. Variando o limiar entre estes dois pontos constrói-se a curva ponto a ponto. As curvas ROC podem dar uma ajuda na visualização do desempenho de um classificador, mas normalmente é calculada a área sob a curva ROC para determinar a sua robustez (normalmente esta medida designa-se por AUC (*Area Under the Curve*), quanto maior a área, mais robusto o algoritmo (Figura 1.4).

Problemas multi-classe

Um problema multi-classe é um problema em que cada um dos exemplos de entrada pode estar numa de várias classes, por exemplo classificar a raça de um cão dadas as suas características. A maioria dos algoritmos estão preparados para problemas binários, ou seja, problemas em que só há duas classes, por exemplo classificar um email como SPAM ou legítimo. Assim, muitas vezes os problemas multi-classe são adaptados para problemas binários com uma de duas estratégias: um-contra-todos (*one-against-all*) ou um-contra-um (*one-against-one*).

No primeiro são construídos tantos classificadores como classes, cada um especializado na sua classe. No segundo são construídos n (n-1)/2 em que n é o número de classes e cada classificador distingue apenas entre duas classes. Por exemplo, se quisermos classificar frutas em laranjas, bananas e maçãs teríamos 3x2/2= 3 classificadores, para distinguir: laranjas/bananas, laranjas/maçãs e bananas/maçãs. Uma realidade diversa e mais complexa são os problemas *multi-label* (multi-etiqueta), que se distinguem dos multi-classe pelo facto de cada exemplo poder ter mais do que uma classe, por exemplo uma notícia de jornal pode ser simultaneamente classificada nas áreas desporto e moda.

1.2.4 Resolução de Problemas de Engenharia

A Figura 1.5 apresenta uma proposta de método de resolução de problemas em Engenharia. Existem várias fases iterativas, que muitas vezes são revisitadas. A figura fica para exploração pelo leitor, enfatizando apenas que em Engenharia a descoberta, mais do que um objetivo final, é o caminho a percorrer.

1.2.5 Software Proposto ao Longo do Livro

Ao longo do livro são usados alguns pacotes de software e alguns conjuntos de dados (*datasets*) normalmente acessíveis a qualquer leitor.

Entre eles incluem-se o software Weka (*Waikato Environment for Knowledge Analysis*) disponibilizado pela Universidade de Waikato, Nova Zelândia em http://www.cs.waikato.ac.nz/ml/weka/. Trata-se de uma ferramenta

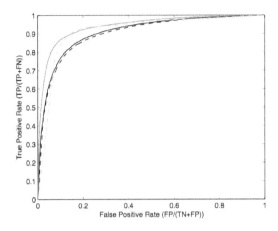

Figura 1.4: Exemplo de uma curva ROC.

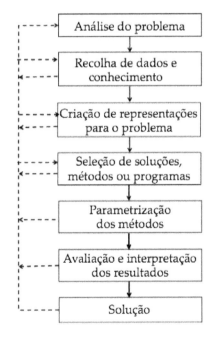

Figura 1.5: Proposta de método de resolução de problemas em Engenharia.

gratuita e muito poderosa na área de *data mining*. Inclui diversos algoritmos desenvolvidos em Java, permitindo também a sua extensão com alterações aos algoritmos existentes ou com algoritmos desenvolvidos especificamente. Incorpora ainda vários conjuntos de dados reais que serão usados ao longo deste livro.

O software Matlab (`http://www.mathworks.com`), assim designado por se apresentar como um laboratório de matrizes, é muito utilizado e tem como principais objetivos o cálculo numérico e o processamento com matrizes. Além desta base, tem um conjunto de *toolboxes* que vamos apresentar para exemplificar vários algoritmos ao longo deste livro como, por exemplo, *toolboxes* de processamento de sinais e de redes neuronais.

Destacamos ainda dois conjuntos de dados. O primeiro disponível no repositório de aprendizagem computacional da UCI (University of California, Irvine), que podem ser obtidos livremente em `http://archive.ics.uci.edu/ml/` e que se destacam na comunidade pela sua diversidade e abrangência. E o segundo disponível em `https://www.kaggle.com/`, que também disponibiliza outros recursos, como concursos em que se pode participar livremente.

Com este livro são disponibilizados vários recursos, nomeadamente um conjunto de dados com imagens de flores que será usado extensivamente como exemplo ao longo do livro. Esses recursos podem ser descarregados em: `http://www.bit.ly/Livro_Aprendizagem_Computacional_Recursos`.

1.2.6 Organização do Livro

Este livro encontra-se dividido em 10 capítulos focando os algoritmos e aplicações mais relevantes da aprendizagem computacional em Engenharia.

Depois deste capítulo introdutório, o Capítulo 2 aborda uma das técnicas mais usadas e mais bem sucedidas de aprendizagem: as redes neuronais. São apresentados os principais conceitos associados a redes neuronais artificiais, incluindo a sua inspiração biológica, bem como exemplos de aplicações a problemas reais.

No Capítulo 3 são introduzidas as árvores de decisão, um clássico da aprendizagem computacional, nomeadamente o algoritmo C4.5, enfatizando a sua larga aplicabilidade a problemas do dia-a-dia, dada a facilidade de perceber a sua forma de aprendizagem e de compreender os resultados obtidos.

O Capítulo 4 foca os chamados algoritmos preguiçosos, dando ênfase ao k-NN (*k-Nearest Neighbors*), apresentando aplicações práticas em problemas conhecidos na aprendizagem computacional.

No Capítulo 5 apresentamos o algoritmo *k-Means Clustering* que introduzirá os conceitos específicos do *clustering*, técnica muito útil em vários cenários em que não se dispõe de exemplos pré-classificados.

O Capítulo 6 prossegue com as abordagens não supervisionadas, designadamente as redes de aprendizagem competitiva, as redes de Kohonen.

O Capítulo 7 centra-se num dos algoritmos emergentes na área da aprendizagem, obtendo atualmente os melhores resultados num leque alargado de aplicações: as máquinas de vetores de suporte (SVM – *Support Vector Machines*). Neste capítulo apresentam-se aplicações na classificação de textos tanto na forma de documentos e como de páginas web.

Os comités, que usam vários modelos para atingir uma solução, são o foco do Capítulo 8. Este tipo de soluções baseia-se no conceito de que vários algoritmos podem cooperar para obter melhores resultados em diferentes áreas de aplicação.

A lógica difusa é abordada no Capítulo 9. Trata-se de um tipo de algoritmos amplamente aplicado no dia-a-dia, com a facilidade de interpretação das decisões tomadas, nomeadamente na área do controlo, onde são apresentadas algumas aplicações.

Uma aplicação já tradicional com uma larga gama de aplicações são os algoritmos genéticos apresentados no Capítulo 10. A sua inspiração biológica é enfatizada, sendo muito relevante para os exemplos e aplicações apresentados.

Capítulo 2

Redes Neuronais

Neste capítulo vamos introduzir as redes neuronais artificiais, um dos métodos de aprendizagem computacional mais abrangentes e com mais aplicações em situações reais. Vamos focar inicialmente nas redes neuronais supervisionadas, abordando a sua inspiração biológica, a sua história, as topologias e as configurações a definir, apresentando ainda exemplos práticos da sua aplicação, deixando as abordagens não supervisionadas para um capítulo específico.

2.1 Introdução

As redes neuronais artificiais são ferramentas poderosas de aprendizagem computacional. Inserem-se nos algoritmos bio-inspirados, visto que o cerne do seu funcionamento é baseado numa interpretação simplificada do funcionamento das redes neuronais biológicas. O cérebro humano é constituído por cerca de 10^{11} células nervosas denominadas neurónios, que são a unidade fundamental do tecido do sistema nervoso. Cada um destes neurónios tem um modo de funcionamento relativamente simples, quando analisado isoladamente. As capacidades do cérebro humano, inigualáveis por qualquer ser ou máquina até hoje, são resultado não da soma das ações individuais dos seus neurónios, mas sim da sinergia resultante da sua ação cooperativa (paralela). De facto, os neurónios do cérebro humano encontram-se intensivamente ligados entre si, formando o que se costuma designar por rede neuronal (biológica neste caso). Parte desta estrutura já nasce com cada indivíduo, mas existe uma parte que é estabelecida pela experiência, sendo aceite pelos cientistas

que todas as funções neuronais biológicas, incluindo a memória, são armazenadas nos neurónios e nas ligações entre eles. A aprendizagem é então
vista como o estabelecimento de novas ligações entre neurónios, ou como a
alteração de ligações já existentes.

Os neurónios biológicos podem ser divididos em três componentes principais: as dendrites, o corpo e o axónio, como pode ser observado na Figura 2.1.
As dendrites são como raízes recetivas, constituídas por células nervosas, que
transportam sinais elétricos para o corpo da célula, onde ocorre a sua soma.
Se esta soma estiver acima de um dado limite, o sinal é transportado através
do axónio para o(s) neurónio(s) seguinte(s), caso contrário o neurónio nada
transmite. Um neurónio pode estar ligado a centenas de milhares de outros
neurónios. Quando existe transferência de informação entre neurónios, existe
um ponto de contacto através do qual é efetuada a transferência, ponto esse
denominado sinapse. A força de cada sinapse depende do valor da soma
recebida do corpo da célula transmissora. Quanto maior o seu valor, mais
reforçada será a relação entre os dois neurónios em causa.

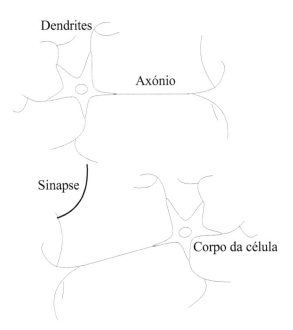

Figura 2.1: Desenho esquemático de dois neurónios biológicos

As Redes Neuronais Artificiais (NN - *Neural Networks*) são redes de neurónios à semelhança das que se encontram no cérebro humano. Os neurónios artificiais são aproximações grosseiras dos neurónios biológicos. Uma NN é assim um sistema computacional paralelo constituído por elementos de processamento muito simples, ligados entre si de forma a realizarem uma dada tarefa. Cada neurónio tem um conjunto de ligações de entrada e um conjunto de ligações de saída. Existem alguns neurónios ligados ao exterior (uns para entrada, outros para saída). Cada ligação tem um peso associado sendo estes o principal meio de armazenamento de informação de uma rede. A Figura 2.2 apresenta uma versão simplificada de uma rede neuronal artificial.

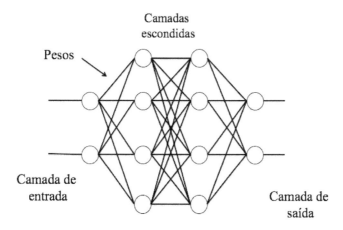

Figura 2.2: Esquema de uma rede neuronal artificial

É importante ter sempre presente que as NN são aproximações grosseiras e simplificadas quando comparadas com o cérebro humano. De qualquer forma, são dispositivos computacionais extremamente poderosos. O paralelismo maciço torna-as muito eficientes. Podem aprender e generalizar, ou seja, podem construir modelos que permitem obter respostas em situações novas. São particularmente tolerantes a falhas (ver caixa Graceful degradation) como se verifica nos fenómenos biológicos, ou seja, têm uma grande capacidade de adaptação. São tolerantes ao ruído e podem tratar situações para as quais outras soluções apresentam dificuldades.

Tabela 2.1: Breve história das redes neuronais artificiais

1943	McCulloch e Pitts propuseram o modelo de um neurónio artificial, também designado por modelo de McCulloch-Pitts
1948	Weiner publicou o livro "Cybernetics", em 1961, onde foram discutidos aspetos de aprendizagem e auto-organização
1949	Hebb publicou o livro "The Organization of Behavior", no qual foi proposta a Regra de Hebb
1958	Rosenblatt introduziu a rede simples de uma camada - o Perceptrão
1969	Minsky e Papert publicaram o livro "Perceptrons" no qual demonstraram as limitações de uma rede de uma única camada. A área teve então um período de estagnação
1982	Hopfield publicou vários trabalhos dedicados às Redes Recorrentes de Hopfield
1982	Kohonen desenvolveu os mapas auto-organizativos com o seu nome
1986	O algoritmo de Retropropagação para redes multi-camada foi redescoberto, desde então houve um crescimento notável na área
1985	Foram propostas as Máquinas de Boltzmann por Ackley, Hinton e Sejnowski
1989	Foram propostas as redes neuronais convolucionais (CNN) por Yann LeCun, inicialmente preconizadas e desenvolvidas por Fukushima em 1980
1992	Neal avança com as redes Bayesianas
1995	As redes recorrentes de memória longa foram apresentadas por Jurgen Schmidhuber
2006	O aparecimento das redes profundas (Deep Neural Networks) lançou um novo interesse na área com inúmeras aplicações
2014	Apareceram as redes adversativas por GoodFellow

Graceful Degradation

Graceful degradation ou degradação graciosa, muitas vezes designada mais genericamente como tolerância a falhas, é a propriedade que permite que um sistema continue a funcionar em caso de falha. Esta característica é muitas vezes atingida através da adição de redundância ao sistema que, mesmo que não permita manter a qualidade do serviço prestado, garante que o funcionamento não diminua em absoluto, isto é, a diminuição é proporcional à gravidade da falha. Este tipo de sistemas, ditos tolerantes a falhas, contrastam com sistemas com pontos de falha única, em que mesmo uma pequena falha pode causar uma avaria total, incluindo a falha de serviço (DoS - Denial of Service).

A Tabela 2.1 apresenta um resumo da evolução histórica das NN. Visto que são baseadas em redes neuronais biológicas, as redes neuronais artificiais têm um número surpreendente de características observadas no processo cognitivo humano, tais como a aprendizagem pela experiência, a generalização a partir de exemplos e abstração das características essenciais de informação que contenha factos irrelevantes. A aprendizagem pode ser definida como a capacidade de executar as novas tarefas que não poderiam ser realizadas antes, ou melhorar o desempenho anterior como resultado de mudanças produzidas pelo processo de aprendizagem. As redes neuronais artificiais podem modificar o seu comportamento em resposta a estímulos produzidos pelo ambiente, regulando a intensidade da ligação entre as unidades de processamento adaptando os pesos das sinapses, reconhecendo a informação apresentada aos seus neurónios.

Para construir uma rede neuronal temos então de:

1. Definir o número e o tipo de neurónios;

2. Definir a forma como se ligam (topologia);

3. Iniciar os pesos das ligações;

4. Aprender quais os pesos adequados ao problema (aprendizagem).

Nas secções seguintes vamos explorar estas fases da construção de uma rede neuronal.

2.2   Neurónios

Um neurónio artificial (à semelhança do biológico) tem como função realizar uma operação simples que consiste em receber sinais das ligações de entrada e calcular um novo valor de saída que é enviado pela saída. Podemos dividir esta operação em duas partes:

1. Calcular a soma pesada dos valores de entrada;

2. Calcular o valor de ativação do neurónio utilizando uma função, a que se dá o nome de função de ativação, que tem como argumento de entrada o valor calculado no passo anterior.

Na Figura 2.3 representa-se um modelo de neurónio artificial onde se apresentam as duas etapas que acabámos de mencionar.

São visíveis 2 entradas x_1, x_2 com 2 pesos associados w_1, w_2 e uma entrada especial de valor -1, a cujo peso se dá o nome de *offset* ou *bias* e cujo peso se representa normalmente pela letra b ou pela letra grega θ.

A soma pesada destas entradas é realizada na primeira etapa da operação do neurónio resultando, neste caso, em $x_1 \times w_1 + x_2 \times w_2 + (-1) \times \theta$.

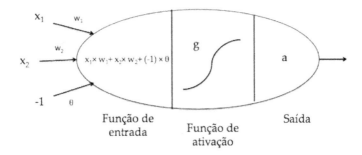

Figura 2.3: Modelo de neurónio artificial

De seguida, no centro da figura, apresenta-se a função de ativação (por vezes pode ser chamada função de transferência). Nesta etapa o objetivo é determinar se a soma pesada calculada anteriormente é suficiente para ativar o neurónio. Entre as funções mais comuns encontram-se a função degrau (por vezes também designada por função sinal quando o valor inferior é -1 em vez de 0), a função linear e a função sigmóide, representadas na Figura 2.4.

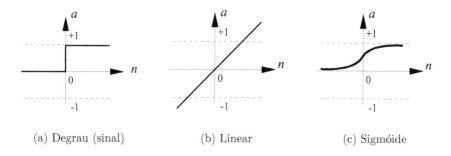

(a) Degrau (sinal)   (b) Linear   (c) Sigmóide

Figura 2.4: Funções de ativação: Degrau, Linear e Sigmóide

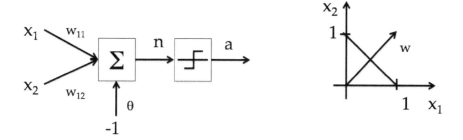

Figura 2.5: Perceptrão monocamada e espaço de entradas

Considerando o exemplo anterior do neurónio com 2 entradas e com uma função de ativação em degrau, ou seja, um perceptrão, representado na Figura 2.5, a sua ativação seria determinada por:

$$\begin{cases} 1, & x_1 \times w_1 + x_2 \times w_2 - \theta \geq 0 \\ 0, & x_1 \times w_1 + x_2 \times w_2 - \theta < 0 \end{cases} \qquad (2.1)$$

Repare-se que isto equivale a dizer que o valor de ativação do neurónio será 1 se a soma pesada das entradas for maior que θ e 0 em caso contrário. O θ representa, assim, o valor mínimo que a soma pesada das entradas tem que ter para que o valor de ativação do neurónio seja igual a 1. Pode utilizar-se o θ com outras funções de ativação que não a função degrau.

Apesar de um neurónio ser um elemento simples de computação, apresenta capacidade surpreendente para resolver alguns problemas. Também tem, no entanto, algumas limitações. A principal limitação é a de apenas conseguir dividir o espaço de entradas de uma forma linear, como se verifica na Figura 2.5.

Neste caso, em duas dimensões (duas entradas) a divisão é feita por uma reta, em três dimensões será por um plano e em espaços dimensionais maiores, diz-se que a divisão é feita por um hiperplano.

Tal implica que um neurónio só consegue representar funções linearmente separáveis, o que constitui uma séria limitação nas funções que podem ser representadas.

Podemos verificar que é muito fácil construir uma rede neuronal só com um elemento que consiga realizar operações de AND ou OR, como se representa na Figura 2.6.

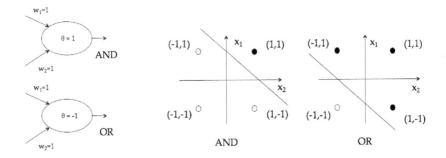

Figura 2.6: Redes perceptrão para as operações AND e OR

Mas já não será possível construir tal rede para realizar uma operação de XOR, visto que não é linearmente separável, como facilmente se verifica com a representação da Figura 2.7.

Assim, será necessário levar as redes neuronais para o passo seguinte, ou seja, a construção de redes com vários neurónios, organizados muitas vezes em topologias com várias camadas, como veremos na secção seguinte.

2.3 · Topologias de Redes Neuronais

Existem várias topologias de redes neuronais artificiais com características diferentes. Uma das mais importantes características diferenciadoras é se as

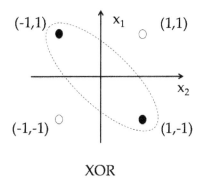

XOR

Figura 2.7: Problema não linearmente separável: XOR

redes têm apenas ligações para a frente (redes *feed-forward*) ou se existem ciclos de realimentação (redes recorrentes). Outra diferença importante é se as redes têm um supervisor ou professor, isto é, se são supervisionadas ou se têm algoritmos autónomos de aprendizagem, isto é, se são auto-organizadas. Neste capítulo vamos dar ênfase apenas às redes neuronais supervisionadas, especialmente às redes *feed-forward*.

2.3.1 Redes *Feed-forward*

Como se verificou no exemplo apresentado na Figura 2.7, de uma forma geral, um neurónio, mesmo com várias entradas, não é suficiente para resolver a grande maioria dos problemas reais. São necessários vários neurónios a trabalhar em paralelo, no que se costuma designar por uma camada de neurónios, ou até várias camadas de neurónios constituindo uma arquitetura multicamada, como se representa num exemplo simples na Figura 2.8.

Trata-se de uma rede *feed-forward*, isto é, de uma rede apenas com ligações para a frente ou diretas, com três camadas de neurónios, contando com a camada de entrada ($[x_1 x_2]$). Cada camada tem a sua matriz de pesos w, neste primeiro exemplo não se encontram representados os *bias*. Neste caso a camada de saída tem apenas um neurónio (n_3) e a camada intermédia, designada por camada escondida, é constituída por dois neurónios (n_1 e n_2), mostrando desta forma que as várias camadas podem ter um número diferente de neurónios. Quando há várias camadas intermédias (entre a camada

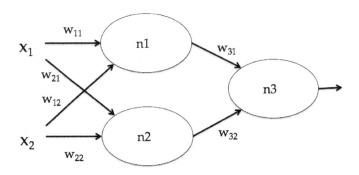

Figura 2.8: Modelo de uma rede neuronal com três camadas de neurónios

de entrada e a camada de saída) são todas denominadas de camada escondida (1ª camada escondida, 2ª camada escondida, e assim sucessivamente da entrada para a saída). As saídas da camada de entrada constituem as entradas da camada escondida e, assim seguidamente, de forma que cada camada pode ser interpretada como uma camada isolada.

Perante um problema a resolver com redes neuronais *feed-forward*, o número de neurónios nas camadas de entrada e de saída são normalmente fáceis de definir pela própria definição do problema. Por exemplo, no caso do XOR binário seriam necessariamente duas unidades de entrada e uma unidade de saída.

Já o número de neurónios em cada camada escondida e o número de camadas escondidas é uma questão bem mais subjetiva. A verdade é que, apesar de existirem muitas heurísticas para escolher a estrutura de uma rede neuronal, não existe um método que permita escolher com exatidão a melhor estrutura para uma rede neuronal.

Se a rede for demasiado pequena, pode não conseguir resolver o problema proposto. Enquanto que se a rede for demasiado grande, apesar de conseguir memorizar os exemplos apresentados, pode revelar-se incapaz de generalizar para lá desses exemplos, isto é, pode perder a sua capacidade mais importante que é a capacidade de aprender.

Este problema chama-se *overfitting* (ver caixa no Capítulo 1) e constitui um problema generalizado em termos de algoritmos de aprendizagem, como veremos ao longo deste capítulo e deste livro.

Redes multicamada

As NN multicamada são mais poderosas do que as redes monocamada, tendo por isso mais aplicações. Por exemplo, ao contrário de uma rede monocamada, uma rede com três camadas, com função de activação sigmóide na camada escondida e função de ativação linear na camada de saída, é capaz de aproximar qualquer função com um erro muito pequeno, desde que convenientemente treinada.

2.4 Algoritmos de Aprendizagem

Vamos então apresentar alguns dos algoritmos de aprendizagem mais importantes na área das redes neuronais. Todos os algoritmos têm como objetivo encontrar para determinada topologia, o conjunto de pesos (e bias) que resolva determinado problema. Ou seja, que permita que a rede neuronal apresente a saída desejada para todas as entradas que possam ser apresentadas. Os algoritmos de aprendizagem podem ser classificados em vários tipos, como já foi referido no capítulo anterior:

- Aprendizagem supervisionada

- Aprendizagem não supervisionada

- Aprendizagem por reforço crítico

A aprendizagem supervisionada assume que existe um supervisor ou professor que disponibiliza os exemplos, permitindo que a rede tenha conhecimento da saída desejada e possa dessa forma alterar os pesos para ficar mais próxima.

Por outro lado, a aprendizagem não supervisionada deixa a cargo da rede neuronal a definição do seu acerto. As redes com este tipo de aprendizagem recorrem normalmente a métricas de similitude entre exemplos de entrada para criar conjuntos com exemplos semelhantes.

Já na aprendizagem por reforço crítico existe um supervisor, mas limita-se a indicar para cada saída da rede se está correta ou não (por vezes também indica o sentido do erro) não indicando uma medida precisa da saída desejada.

Esta forma de aprendizagem é muitas vezes aplicada em sistemas com poucos recursos ou quando não se sabe efetivamente qual a saída desejada.

Vamos focar-nos nos algoritmos supervisionados pois são os mais utilizados e os mais representativos dos problemas reais que podem ser resolvidos usando uma rede neuronal.

2.4.1 Regra de Hebb

A regra de Hebb foi umas das primeiras regras de aprendizagem para redes neuronais a ser definida. Pode dizer-se que todas as regras de aprendizagem podem ser consideradas como uma variante da regra de Hebb sugerida por Hebb em [Organization of Behaviour, 1949]. Foi proposta como eventual mecanismo para modificação das sinapses no cérebro, tendo sido usada desde então para treinar redes neuronais artificiais. A ideia básica da regra de Hebb é que se dois neurónios, como os representados na Figura 2.9, estão ativos simultaneamente, a ligação entre eles deve ser reforçada, ou seja, se um neurónio i receber uma entrada do neurónio j, a modificação do peso que os liga deve obedecer a: $\Delta w_{ij} = \alpha a_i a_j$, onde Δw_{ij} representa a alteração do peso da ligação do neurónio j para o neurónio i e α uma constante positiva de proporcionalidade, que representa a velocidade de aprendizagem.

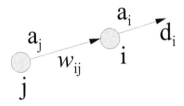

Figura 2.9: - Ligação sináptica entre dois neurónios

A regra de Hebb tem também uma versão supervisionada que, em vez da ativação do neurónio de saída (a_i), usa a saída desejada para o neurónio (d_i), ou seja, $\Delta w_{ij} = \alpha d_i a_j$.

2.4.2 Regra Delta (Widrow-Hoff)

Outra versão da regra de Hebb, denominada regra de Widrow-Hoff, altera os pesos das ligações entre neurónios (sinapses) de acordo com $\Delta w_{ij} = \alpha(d_i -$

$a_i)a_j$. Esta regra também é denominada como regra Delta, uma vez que usa a diferença entre a ativação atual a_i, e a ativação desejada, d_i.

2.4.3 Algortimo de Aprendizagem do Perceptrão

O perceptrão foi talvez a rede neuronal de onde derivaram os modelos de redes neuronais seguintes, podendo ser considerado o primeiro modelo de redes neuronais. Foi proposto por Rosenblatt em 1957, consistindo num neurónio (ou numa camada de neurónios) só com ligações *feed-forward* em que cada neurónio, à semelhança do que já vimos anteriormente, calcula a soma pesada das suas entradas e apresenta como saída o valor 1 se essa soma ultrapassar um determinado limite θ e -1 em caso contrário (utiliza, portanto, a função sinal como função de ativação). Note-se que esta notação difere da apresentada até aqui em que as saídas de um problema binário eram denotadas com 0 e 1, em vez do -1 e 1 agora apresentado. As duas formas de representação coexistem e são aplicadas de acordo com a natureza dos problemas.

A regra de aprendizagem do perceptrão é um exemplo de aprendizagem supervisionada, ou seja, parte de um conjunto de exemplos que representam o comportamento desejado para a rede, que definem para cada entrada, a saída desejada. À medida que cada entrada é apresentada à rede, a saída obtida é comparada com a saída desejada. Depois de efetuada a comparação e calculado o erro, a regra de aprendizagem ajusta os pesos de forma a colocar a rede numa situação mais próxima do objetivo.

O treino começa pela atribuição, normalmente aleatória, de valores iniciais aos parâmetros (pesos) da rede. Depois de cada apresentação de uma entrada, pode definir-se o erro como a diferença entre a saída desejada e a saída obtida: $e = d - a$, onde d é a saída desejada e a é a saída obtida. Podem então definir-se três situações de aprendizagem:

1. Se o erro é zero os pesos ficam inalterados

2. Se o erro é negativo os pesos diminuem com a entrada

3. Se o erro é positivo os pesos aumentam com a entrada

Ou, numa expressão única:

$$w^{novo} = w^{anterior} + (d - a)x = w^{anterior} + ex \qquad (2.2)$$

Estas regras podem ser estendidas ao *bias*, tornando-o mais um peso:

$$b^{novo} = b^{anterior} + e \tag{2.3}$$

A regra de aprendizagem do perceptrão converge para uma solução num número limitado de passos, desde que exista uma solução. No entanto, como o perceptrão tem a capacidade de dividir o espaço de entradas em duas regiões o perceptrão só é capaz de resolver problemas linearmente separáveis. Como se pode verificar no exemplo da Figura 2.10, já anteriormente apresentado na Figura 2.5, no caso de um perceptrão com duas entradas (Figura 2.10 à esquerda), considerando $b = -1$, $w_{11} = w_{12} = 1$, o limiar de decisão será:

$$n = w_{11}x_1 + w_{12}x_2 + b = x_1 + x_2 - 1 = 0 \tag{2.4}$$

Esta expressão define uma linha no espaço de entradas, como se pode observar no gráfico do lado direito da Figura 2.10.

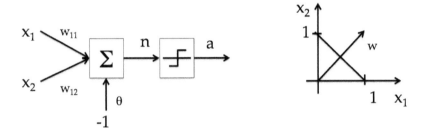

Figura 2.10: Perceptrão monocamada e espaço de entradas

Para determinar qual dos lados da reta corresponde ao neurónio ativo, $a = 1$, basta testar uma entrada. Por exemplo para $x_1 = 2$ e $x_2 = 0$, teremos à saída:

$$a = sinal(2 \times 1 + 0 \times 1 - 1) = sinal(1) = 1 \tag{2.5}$$

Como da operação anterior resulta $a = 1$, então o neurónio é ativado. Caso, para o problema em questão, se pretendesse que o neurónio não fosse ativado, isto é, apresentasse a sua saída a -1, ter-se-iam de alterar os pesos. Começando por calcular o valor do erro:

$$e = d - a = -1 - 1 = -2 \tag{2.6}$$

Teremos de seguida de atualizar os pesos, usando

$$w^{novo} = w^{anterior} + ex \tag{2.7}$$

$$w_{11}^{novo} = 1 - 2 \times 2 = -3 \tag{2.8}$$

$$w_{12}^{novo} = 1 - 2 \times 0 = 1 \tag{2.9}$$

A atualização dos pesos prossegue apresentando todos os padrões de entrada. O processo para quando o perceptrão "acerta" em todos os padrões apresentados.

2.4.4 Regra Delta Generalizada (Least Mean Squares)

A regra Delta Generalizada, também conhecida como LMS (*Least Mean Squares*), é uma generalização do algoritmo de treino do perceptrão, de modo a estender esta técnica a entradas e saídas contínuas. A diferença reside na definição da forma de alteração dos pesos, que é realizada de acordo com:

$$\Delta w = \alpha \delta x \tag{2.10}$$

Onde $\delta = d - a$ é a diferença entre a saída desejada e a saída atual para a entrada x e α é a velocidade de aprendizagem entre 0 e 1. As redes onde se aplica a regra delta generalizada têm normalmente unidades de saída lineares (com função de ativação linear), de forma a poderem ser diferenciáveis, o que não aconteceria com funções de ativação em degrau que apresentam derivada infinita em $x = 0$. Esta necessidade de diferenciação deriva do cálculo do valor de delta (δ), como vamos ver de seguida.

A saída deste perceptrão para uma entrada x_j será então dada por:

$$a = \sum_j w_j x_j - \theta \tag{2.11}$$

A função de erro LMS (*Least Mean Squares*), tal como o próprio nome indica, é a soma quadrática dos erros para todos os padrões de entrada , ou seja, o erro total, E, é definido por:

$$\sum_p E^p = \frac{1}{2} \sum_p (d^p - a^p)^2 \tag{2.12}$$

O procedimento LMS encontra os valores dos pesos que minimizam a função de erro, por um método chamado gradiente descendente, em que a ideia é fazer uma alteração dos pesos proporcional à derivada negativa do erro, como se mostra esquematicamente na Figura 2.11 e nas Equações 2.13 a 2.17.

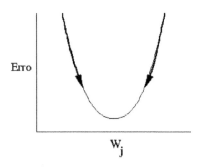

Figura 2.11: Algoritmo Least Mean Squares (gradiente descendente)

$$\Delta_p w_j = -\alpha \frac{\partial E^p}{\partial w_j} \tag{2.13}$$

$$\frac{\partial E^p}{\partial w_j} = \frac{\partial E^p}{\partial a^p} \frac{\partial a^p}{\partial w_j} \tag{2.14}$$

$$\frac{\partial a^p}{\partial w_j} = x_j \tag{2.15}$$

$$\frac{\partial E^p}{\partial a^p} = -(d^p - a^p) \tag{2.16}$$

$$\Delta_p w_j = \alpha \delta^p x_j \tag{2.17}$$

2.4.5   BackPropagation

As limitações inerentes aos algoritmos de aprendizagem do perceptrão e da regra delta levaram a uma redução do interesse das redes neuronais artificiais durante a década de 70. O principal problema foi o facto de o perceptrão só ter uma camada, não sendo direta a aplicação da regra de aprendizagem a perceptrões multicamada, que teriam potencial para resolver problemas mais complexos.

Quando temos uma só camada conseguimos calcular o erro, como a diferença entre o desejado e o obtido, pois sabemos a saída desejada. Enquanto que, no caso de camadas escondidas, não existe um objetivo explícito para as saídas das unidades escondidas, não sendo por isso trivial o cálculo do erro e a sua utilização para atualização dos pesos. O ressurgimento do interesse deu-se com a investigação de Werbos e Rumelhart apenas em 1966, cuja principal descoberta foi o algoritmo de retropropagação (*backpropagation*).

A ideia central desta solução é a de que os erros para as unidades das camadas escondidas são determinados retropropagando os erros das unidades da camada de saída. O algoritmo pode, também, ser considerado uma generalização da regra Delta para funções de ativação não lineares e pode ser aplicado a redes com qualquer número de camadas.

A aprendizagem é inicialmente semelhante à regra do perceptrão, ou seja, parte de um conjunto de exemplos, que representam o comportamento desejado para a rede, definindo para cada entrada **x**, a saída desejada d. O objetivo é que a rede aprenda o mapeamento de cada entrada para o respetivo vetor de saída, pela alteração de valores apropriados para os pesos das ligações (sinapses) da rede.

Problema da atribuição do crédito

Em 1958 quando foi apresentado o algoritmo de aprendizagem do perceptrão, juntamente com a regra Delta, houve um aumento do interesse na investigação na área das redes neuronais. Mais tarde, em 1969, Minsky e Papert demonstraram as suas limitações, sucedendo-se um período de estagnação. Estas limitações estavam associadas ao facto de, com uma camada, o perceptrão só resolver problemas linearmente separáveis e o algoritmo não ser adaptável a redes multicamada. Este problema ficou conhecido como o problema de atribuição do crédito, que consistia em o algoritmo não ser capaz de definir que quota parte do erro cabia a cada camada escondida, isto é, como se deveria atribuir a cada neurónio o seu crédito (responsabilidade) pelo erro total final. Esta situação só foi contornada com o surgimento do algoritmo de retropropagação em 1986.

Essa alteração é realizada sempre que a saída desejada d e a saída real a não sejam coincidentes, aplicando nessa altura o método do gradiente: $w_{ij}^{novo} = w_{ij}^{anterior} + \Delta w_{ij}$, com $\Delta w_{ij} = -\alpha \frac{\partial E}{\partial w_{ij}}$, onde α é a taxa de aprendizagem e E a medida de erro. Esta alteração é facilmente calculável para as unidades de saída, como referido na secção anterior.

Para as unidades escondidas é calculado o somatório da contribuição do erro de cada unidade de saída. A Figura 2.12 apresenta um exemplo.

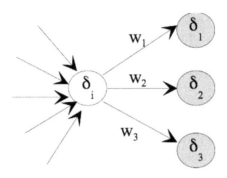

Figura 2.12: Exemplo de retropropagação de erros

Considerando uma camada de saída com 3 unidades o erro calculado para cada uma é designado por δ_1, δ_2, δ_3. O erro da unidade escondida (δ_i) é calculado pela retropropagação dos da camada seguinte, ou seja:

$$\delta_i = w_1\delta_1 + w_2\delta_2 + w_3\delta_3 \tag{2.18}$$

Tendo o erro, aplica-se o ajustamento dos pesos para a camada anterior, da mesma forma que para a camada de saída e de uma forma mais genérica para o próprio perceptrão.

Resumindo, o algoritmo de retropropagação consiste num conjunto sequencial de passos, aplicado a uma rede como a da Figura 2.2. Depois de se iniciar o conjunto de pesos aleatoriamente, procede-se do seguinte modo:

1. Apresentar um padrão de entrada à rede

2. Calcular a saída (resposta) da rede com os pesos atuais

3. Calcular o erro para as unidades de saída

4. Calcular o erro para as unidades escondidas (retropropagação)

5. Atualizar os pesos de todas as camadas

Taxa de aprendizagem

A taxa de aprendizagem é uma constante de proporcionalidade no intervalo [0,1]. Quanto maior for essa constante, maior será a alteração de pesos em proporção ao erro, aumentando a velocidade de aprendizagem, o que pode no entanto levar a oscilações no modelo da superfície de erro (Figura 2.12).

Se a taxa de aprendizagem for demasiado baixa, o tempo de aprendizagem pode ser bastante longo. O ideal será usar a maior taxa de aprendizagem possível que não leve a oscilações, ou usar uma taxa variável que diminua à medida que a rede se aproxima do objetivo. Esta taxa de aprendizagem dinâmica vai de encontro à aprendizagem biológica que inicialmente se faz com grandes passos, reduzindo-se à medida que os problemas ficam mais complexos.

2.5 Aplicações

Vamos apresentar três exemplos de aplicação de redes neuronais em problemas da vida real. Começamos com um conjunto disponível no software Weka, denominado "Labor". O segundo vai acompanhar-nos ao longo do livro e vamos denominá-lo "Flores" e o terceiro é também um conjunto do Weka com a denominação "Breast Cancer".

2.5.1 Labor - Weka

Trata-se de um problema disponível no software livre Weka (Waikato Environment for Knowledge Analysis). Aqui vamos assumir que o leitor se encontra minimamente familiarizado com o software, usando um dos tutoriais disponíveis. Começamos por arrancar o Weka, como se vê na Figura 2.13.

De seguida, vamos aceder ao Explorer (primeiro botão do lado direito) que pode visualizar na Figura 2.14.

No Explorer do Weka acede-se então à opção de abrir um ficheiro através do botão Open file, tendo o separador Preprocess escolhido. Aí deve aceder no seu disco aos exemplos instalados com o Weka, normalmente numa pasta Weka/data, onde encontra os ficheiros com formato .arff (Attribute-Relation File Format) que o Weka usa como representação dos dados de entrada. Trata-se de um formato simples, como demonstrado na Figura 2.15 que pode experimentar abrir num editor de texto para se aperceber das formatações.

Tabela 2.2: Características do dataset Labor (weka)

	Sigla	Descrição	Valores
1	dur	duration of agreement	[1..7]
2	wage1.wage	wage increase in first year of contract	[2.0 .. 7.0]
3	wage2.wage	wage increase in second year of contract	[2.0 .. 7.0]
4	wage3.wage	wage increase in third year of contract	[2.0 .. 7.0]
5	cola	cost of living allowance	[none, tcf, tc]
6	hours.hrs	working hours week	[35 .. 40]
7	pension	pension plan	[none, ret.allw, empl.contr]
8	stby-pay	standby pay	[2 .. 25]
9	shift_diff	supplement for work shift	[1 .. 25]
10	educ.allow.boolean	education allowance	[true , false]
11	holidays	number of holidays	[9 .. 15]
12	vacation	paid vacation days	[ba, avg, gnr]
13	lngtrm.disabil.boolean	help longterm disability	[true , false]
14	dntl.ins	dental plan	[none, half, full]
15	bereavement.boolean	bereavement	[true , false]
16	empl.hplan	health plan	[none, half, full]

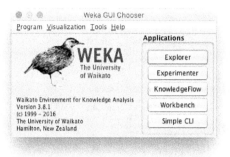

Figura 2.13: Janela inicial do Weka

Figura 2.14: Explorer do Weka

O Weka permite ainda abrir ficheiros .csv (comma-separated values) em que a primeira linha tem os nomes das entradas/saída e salvar no formato arff. Escolha então abrir o ficheiro labor.arff, devendo obter uma imagem como a da figura seguinte.

Os dados do problema "Labor" foram obtidos a partir das negociações de

```
@relation 'labor-neg-data'
@attribute 'duration' real
@attribute 'wage-increase-first-year' real
@attribute 'wage-increase-second-year' real
@attribute 'wage-increase-third-year' real
@attribute 'cost-of-living-adjustment' {'none','tcf','tc'}
@attribute 'working-hours' real
@attribute 'pension' {'none','ret_allw','empl_contr'}
@attribute 'standby-pay' real
@attribute 'shift-differential' real
@attribute 'education-allowance' {'yes','no'}
@attribute 'statutory-holidays' real
@attribute 'vacation' {'below_average','average','generous'}
@attribute 'longterm-disability-assistance' {'yes','no'}
@attribute 'contribution-to-dental-plan' {'none','half','full'}
@attribute 'bereavement-assistance' {'yes','no'}
@attribute 'contribution-to-health-plan' {'none','half','full'}
@attribute 'class' {'bad','good'}
@data
1,5,?,?,?,40,?,?,2,?,11,'average',?,?,'yes',?,'good'
2,4.5,5.8,?,?,35,'ret_allw',?,?,'yes',11,'below_average',?,'full',?,'full','good'
?,?,?,?,?,38,'empl_contr',?,5,?,11,'generous','yes','half','yes','half','good'
3,3.7,4,5,'tc',?,?,?,?,?,'yes',?,?,?,?,'yes',?,'good'
3,4.5,4.5,5,?,40,?,?,?,?,12,'average',?,'half','yes','half','good'
2,2,2.5,?,?,35,?,?,6,'yes',12,'average',?,?,?,?,'good'
3,4,5,5,'tc',?,'empl_contr',?,?,?,12,'generous','yes','none','yes','half','good'
3,6.9,4.8,2.3,?,40,?,?,3,?,12,'below_average',?,?,?,?,'good'
2,3,7,?,?,38,?,12,25,'yes',11,'below_average','yes','half','yes',?,'good'
1,5.7,?,?,?,'none',40,'empl contr',?,4,?,11,'generous','yes','full',?,?,'good'
```

Figura 2.15: Exemplo de um ficheiro ARFF

contratos de trabalho para a indústria do Canadá. Os dados têm informação da definição de um bom ou de um mau contrato. Os contratos considerados inaceitáveis foram obtidos através de entrevistas a peritos ou pela adição de casos similares a casos reais. O dataset é constituído por 57 exemplos com 16 características cada um. A denominação destas características pode ser observada na Figura 2.16 que possui a classe definida (bom ou mau contrato) como característica 17. As características fornecidas são apresentadas na Tabela 2.2, com a gama de valores que cada característica pode tomar.

Ainda no separador Preprocess podemos analisar melhor as distribuições do dataset na zona Selected attribute, que apresenta a distribuição (mínimo, máximo, média, desvio padrão e histograma) da característica (atributo) selecionada na zona da esquerda (Attributes). Também é possível ver um resumo através do botão Visualize all (Botão à direita a meio da janela) obtendo-se o resultado da Figura 2.17, onde se pode ver por exemplo que das 57 amostras 20 correspondem a maus contratos e 37 a bons contratos.

De seguida, de volta à janela do Explorer, podemos observar ainda no separador Preprocess que existe uma zona denominada Filter, onde se pode escolher um pré-processamento de filtragem escolhendo as características a

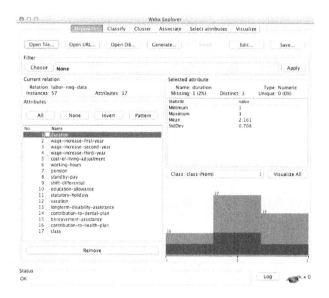

Figura 2.16: Carregamento inicial do dataset Labor no Weka

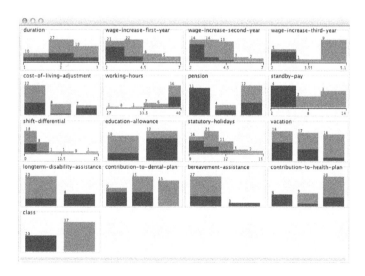

Figura 2.17: Visualização da distribuição dos exemplos para cada característica

usar, deixando outras de fora, como veremos em exemplos ao longo deste livro.

Ainda na janela do Explorer escolha o separador Classify e no botão Choose (que permite escolher qual o método de aprendizagem a usar) opte pelo Multilayer Perceptron como se vê na Figura 2.18.

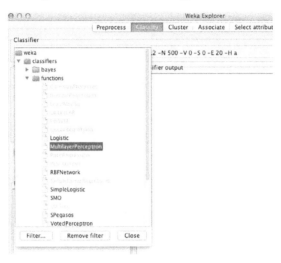

Figura 2.18: Escolha do algoritmo de aprendizagem Multilayer Perceptron

Aparece então na linha à direita do botão Choose, o algoritmo escolhido (Multilayer Perceptron neste caso), bem como um conjunto de parâmetros com os valores por omissão, constituindo o comando a executar quando se dá início à aprendizagem. Esta linha encontra-se apresentada na Figura 2.19.

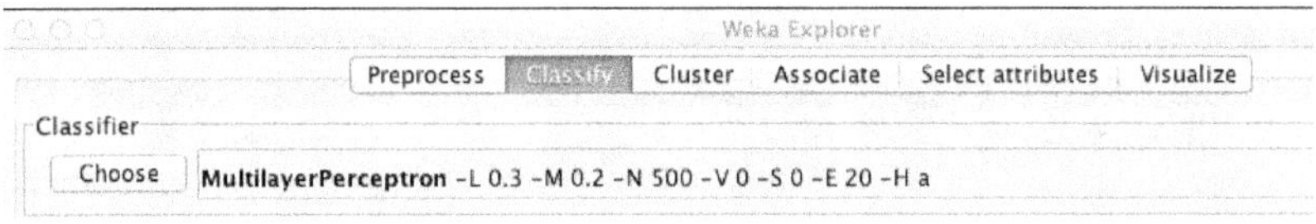

Figura 2.19: Algoritmo de apendizagem e seus parâmetros

Ao clicar em qualquer ponto da linha aparece uma janela de edição dos parâmetros, que tem ainda dois botões (More e Capabilities) para obter informação do significado dos parâmetros como se mostra na Figura 2.20.

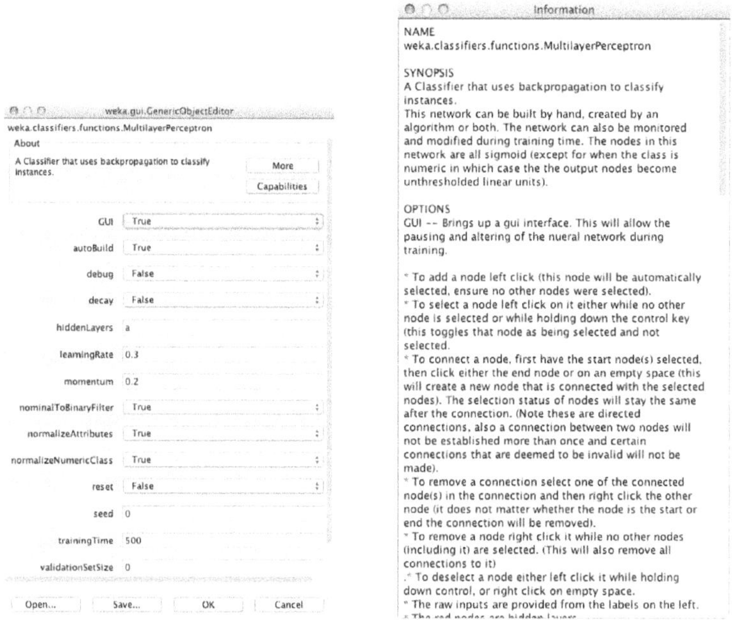

Figura 2.20: Especificação dos parâmetros do algoritmo de aprendizagem

Pelo menos nesta fase inicial de adaptação ao software e aos algoritmos, aconselhamos a que mantenha ativado o parâmetro GUI (true), uma vez que lhe vai permitir visualizar a rede neuronal graficamente, bem como acompanhar o processo de aprendizagem. Repare que a atualização do GUI é pesada, pelo que o modelo será criado mais rapidamente sem esta atualização. Dos parâmetros disponíveis vamos realçar os mais importantes:

- *decay*: permite que a taxa de aprendizagem diminua ao longo do processo;

- *hiddenLayers*: permite definir o número de camadas escondidas, bem como o número de neurónios em cada camada (por exemplo "2,3" significa duas camadas escondidas, a primeira com 2 neurónios e a segunda com 3). Deixando inalterado, o Weka calcula um valor adequado de acordo com modelos pré-definidos;

- *learningRate*: taxa de aprendizagem;

- *nominalToBinaryFilter*: converte valores nominais ("Verde", "Azul") para binário;

- *normalizeAttributes*: normaliza os atributos entre -1 e 1;

- *normalizeNumericClass*: normaliza a classe desejada entre -1 e 1;

- *trainingTime*: define um número máximo de épocas, isto é, o número de vezes que o conjunto de exemplos é completamente mostrado à rede neuronal. Este critério é usado muitas vezes, pois é mais seguro computacionalmente.

Alteramos apenas o número de épocas para 50 (no parâmetro Training Time) para o treino ser mais rápido. Depois temos de definir as condições de teste na zona Test options, de acordo com a Figura 2.21, colocando cross-validation com 10 folds (mais informação sobre cross-validation no Capítulo 1) e depois premir o botão Start.

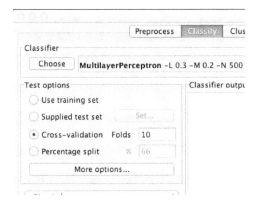

Figura 2.21: Definição dos parâmetros de teste

Depois de se processar a aprendizagem, aparecem os resultados na janela da direita, como se pode ver na Figura 2.22.

Podemos ver que apenas 7 exemplos de contratos são mal classificados: 3 como bons quando estavam definidos como maus e 4 no inverso. Conclui-se que com muito pouco esforço se obteve um erro de apenas cerca de 13%.

Carregando com o botão direito no resultado da lista de resultados podemos aceder à curva ROC, como se mostra na Figura 2.23, obtendo-se o resultado da Figura 2.24.

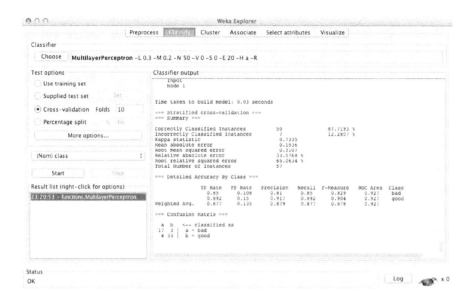

Figura 2.22: Resultados do teste do dataset labor com redes neuronais

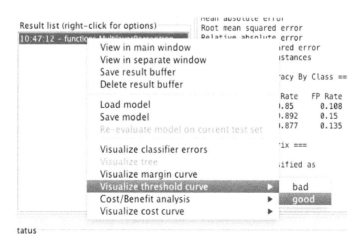

Figura 2.23: Acesso à curva ROC - Weka

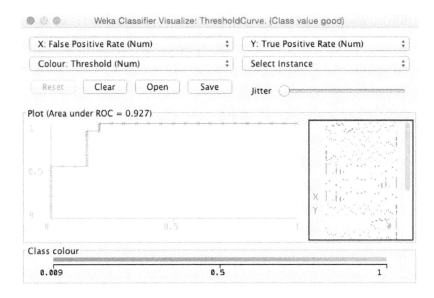

Figura 2.24: Curva ROC para o conjunto Labor

A partir deste modelo inicial de rede neuronal, cada um poderá alterar os parâmetros que referimos atrás de forma a tentar melhorar este desempenho, como aliás será proposto nos desafios do fim do capítulo.

2.5.2   Classificação de Imagens de Flores

O conjunto de dados de imagens de flores trata de um problema de classificação de flores cujos dados acompanham o material deste livro e estão em http://bit.ly/FLORES_DATASET. A Figura 2.25 apresenta quatro exemplos das imagens deste conjunto de dados.

O objetivo deste problema é, perante uma fotografia de uma flor, classificá-la numa de 4 classes: Figura 2.25 (A) malmequer, (B) cardo, (C) ervilha de cheiro, (D) gerbera. O dataset (como normalmente são referidos os conjuntos de exemplos de aprendizagem) é constituído por 90 flores, incluindo 30 malmequeres, 15 cardos, 30 ervilhas de cheiro e 15 gerberas.

Vamos usar o conjunto de dados que corresponde a imagens a preto e branco com 50 por 50 pixel em que apenas pretendemos diferenciar os malmequeres das restantes classes (one-against-all). O ficheiro base já no formato para usar no software Weka é o BOOK_flores_50_BW_Malmequeres.arff.

(a) Malmequer   (b) Cardo

(c) Ervilha de cheiro   (d) Gerbera

Figura 2.25: Exemplos das imagens do problema das Flores

Da mesma forma que no exemplo anterior, pode abrir o ficheiro arff e visualizar a distribuição das entradas. São $50 \times 50 = 2500$ entradas com valores entre 0 e 256 (valor de cinzento do pixel) e uma saída que toma o valor 'malmequer' para 30 das 90 flores e o valor 'outra' para as restantes 60, como se pode ver na análise da classe na figura seguinte. Neste caso, temos um problema com elevada dimensionalidade (cada flor é representada com 2500 valores) e baixa dimensão (só temos 90 exemplos de flores).

Esta relação de elevada dimensionalidade e reduzido número de exemplos pode trazer problemas à maioria dos algoritmos, incluindo as redes neuronais. Desta forma, a abordagem mais comum passa por reduzir a dimensionalidade do problema, para o que vamos usar o método PCA (*Principal Component Analysis*) já introduzido no capítulo anterior.

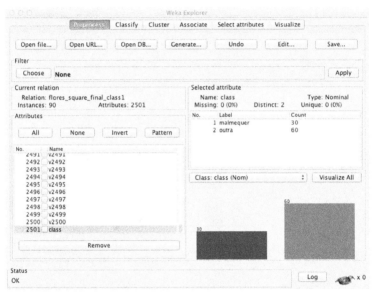

Figura 2.26: Divisão das classes no problema dos malmequeres *one-against-all*

Assim, mantendo o separador Preprocess ativo, escolha o botão Filter e escolha Principal Components em weka → filters → unsupervised → attribute, como se vê na Figura 2.27, e analise os parâmetros de acordo com a Figura 2.28.

Aplique então o filtro PCA com os parâmetros por omissão, usando o botão Apply na janela Preprocess no lado direito da zona de definição do filtro.

Esta operação demora algum tempo (cerca de 10 min num computador i5 dual-core com 8 GB de RAM). Para evitar a espera prolongada, disponibili-

Figura 2.27: Escolha do Filtro PCA

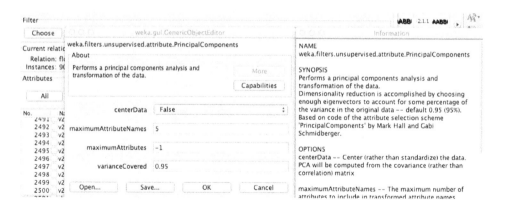

Figura 2.28: Parâmetros do filtro PCA

zamos desde já o conjunto de dados no formato arff do Weka já com o filtro
PCA aplicado em BOOK_flores_50_BW_Malmequeres_PCA.arff. O resultado
consiste na redução para 52 características por combinação das anteriores.

De seguida, vamos então para o separador Classify onde vamos escolher
como no exemplo anterior Multilayer Perceptron e neste caso manter todas
as opções por omissão e fazer Start. O resultado está na Figura 2.29, onde
podemos ver que apenas 6 casos falham (*incorrectly classified instances*), 4
como falsos negativos e 2 como falsos positivos (ver confusion matrix), o que
com pouco esforço representa um excelente desempenho.

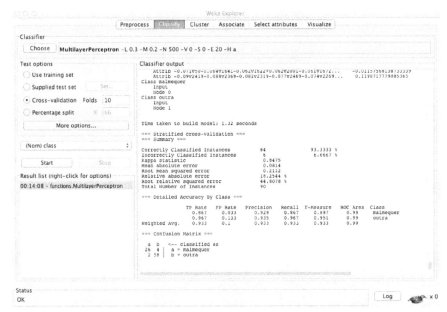

Figura 2.29: Resultado da rede neuronal com o problema das flores

2.5.3   Breast Cancer - Matlab

O Matlab é uma ferramenta poderosa vocacionada para cálculo numérico,
nomeadamente análise numérica, cálculo com matrizes, processamento de
sinais e elaboração de gráficos. Além das funcionalidades base, é constituído
por um conjunto de *toolboxes* que alargam as suas potencialidades.

Vamos abordar a *toolbox* de redes neuronais, que suporta a maioria dos tipos de redes neuronais e de formas de aprendizagens subjacentes. A Mathworks disponibiliza vários guias que permitem a aprendizagem rápida da utilização do software e das suas *toolboxes*, que de uma forma geral é bastante acessível a qualquer leitor.

Para aceder à *toolbox* de redes neuronais do Matlab começa-se por escrever nnstart na janela de comandos, como apresentado na Figura 2.30.

Figura 2.30: Janela inicial do Matlab com comando da *toolbox* de redes neuronais

Aparece então a janela inicial que se apresenta na Figura 2.31, onde podemos ter acesso a interfaces gráficos (wizards) que nos guiam de uma forma sequencial na definição de redes neuronais adequadas aos problemas que pretendamos resolver.

À direita de cada um destes botões de acesso aos interfaces, temos ainda uma ligação para a documentação correspondente (por exemplo ntstool para a ferramenta de séries temporais).

No segundo separador (More Information), apresentado na Figura 2.32, temos ligações para outros recursos úteis. Por exemplo podemos aceder ao

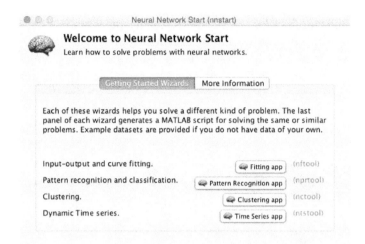

Figura 2.31: Janela inicial do interface da *toolbox* de redes neuronais do matlab

manual da *toolbox* de redes neuronais ou aceder a várias demonstrações e conjuntos de dados disponíveis.

Vamos então ver com mais atenção a ferramenta de reconhecimento de padrões, carregando no segundo botão da Figura 2.31. Aparece a janela da Figura 2.33, onde se descreve o tipo de problemas envolvidos e a rede neuronal.

Carregando em Next aparece uma janela onde se deve introduzir os dados, neste caso entradas e respetivas classificações, organizadas numa matriz, permitindo também na área à esquerda em baixo carregar conjuntos de dados de exemplo. Vamos optar por esta última opção. Ao carregar no botão Load Example Data Set aparece uma nova janela com os conjuntos exemplo disponíveis. Vamos usar o conjunto Breast Cancer, que como se pode ver na Figura 2.34 tem como objetivo classificar um tumor como benigno ou maligno tendo por base 9 características de biopsias de amostras.

Uma vez escolhido e importado o dataset temos acesso às informações básicas do conjunto de dados, como se pode analisar na Figura 2.35. Neste caso temos 699 exemplos (Inputs) e respetiva classificação (Targets).

Carregando em Next aparece a janela de definição dos dados de validação e teste (Figura 2.36). Nesta janela encontra-se definido 70% dos exemplos para treino (489 neste caso), permitindo dividir os restantes 30% entre a

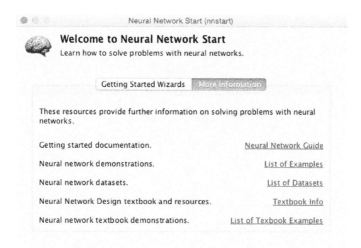

Figura 2.32: Informação adicional da *toolbox* de redes neuronais do matlab

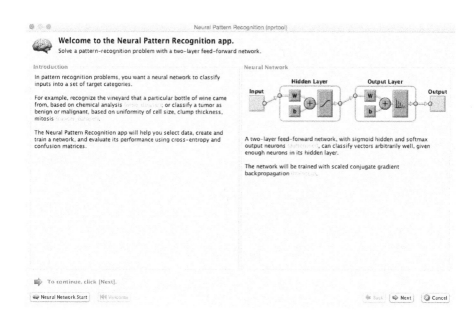

Figura 2.33: Janela inicial da ferramenta de reconhecimento de padrões - Matlab

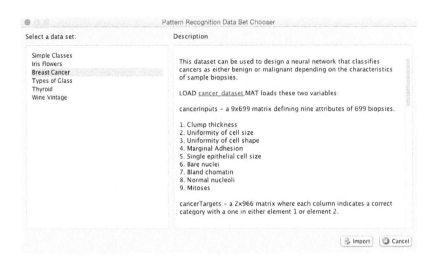

Figura 2.34: Descrição do conjunto de dados Breast Cancer - Matlab

validação e teste.

Os exemplos de validação não são usados para atualizar os pesos da rede, permitem definir quando se deve parar o treino.

Ou seja, em vez de pararmos de treinar a rede quando o erro nos exemplos de treino não varia, paramos quando o erro nos exemplos de validação não varia.

Os exemplos de teste são apenas usados para efeitos de teste, não sendo usados durante o treino da rede neuronal. Vamos deixar os valores por omissão, podendo numa segunda fase voltar a esta janela para os redefinir caso os resultados não sejam satisfatórios.

Carregando em Next podemos definir a arquitetura da rede neuronal, estando neste caso perante uma rede *feed-forward* podemos definir o número de neurónios na camada escondida. Vamos novamente deixar o valor por omissão, 10 neste caso (Figura 2.37).

Carregando em Next acedemos à janela de treino e carregando no botão Train podemos arrancar o processo de treino da rede. Uma vez terminado o processo de treino, temos acesso a vários resultados. A Figura 2.38 apresenta a janela onde se pode iniciar o treino e que, uma vez terminado o treino, é completada com os resultados do lado direito.

Aparece ainda uma nova janela com informação adicional, como apresen-

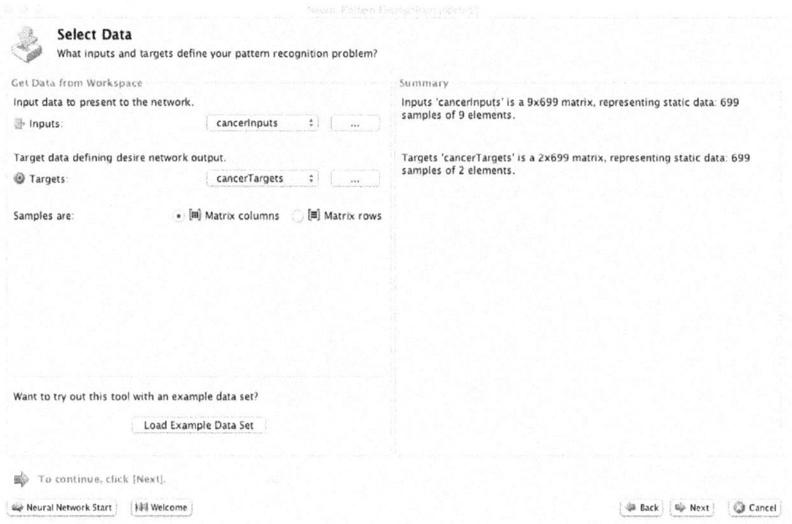

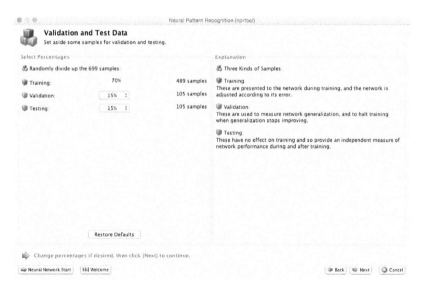

Figura 2.35: Informação do conjunto de dados Breast Cancer – Matlab

Figura 2.36: Divisão dos dados do conjunto de dados Breast Cancer - Matlab

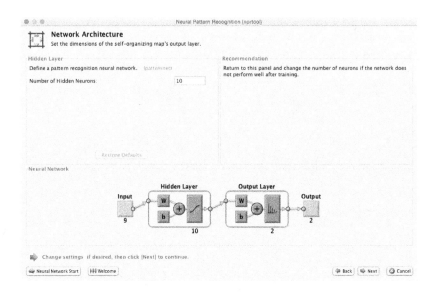

Figura 2.37: Arquitetura da rede neuronal - Matlab

Figura 2.38: Treino da rede neuronal - Matlab

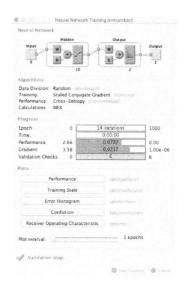

Figura 2.39: Resultado do treino da rede neuronal - Matlab

tado na Figura 2.39. Podemos ainda obter a matriz de contingência (*confusion matrix*) e a curva ROC, como se pode observar nas Figuras 2.40 e 2.41.

A matriz de contingência é apresentada nas quatro células a verde/vermelho, sendo que as restantes células (cinzento ou azul) representam estatísticas de cada linha/coluna ou totais.

Carregando em Next atingimos então a janela de avaliação onde se podem realizar testes adicionais, podendo também voltar-se a treinar a rede. Nesta fase vamos avançar e atingir a janela denominada Deploy Solution, apresentada na Figura 2.42.

Nesta fase podemos exportar a rede criada em vários formatos. Por exemplo pode obter-se o diagrama da rede (Figura 2.43) a ser usada noutros contextos ou pode gerar-se uma função Matlab (Figura 2.44).

Carregando em Next atingimos a janela final, onde é possível salvar os resultados, como se pode verificar na Figura 2.45.

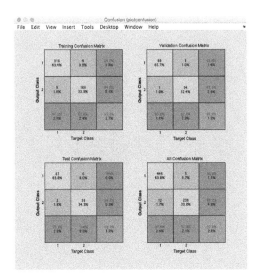

Figura 2.40: Matriz de confusão da rede neuronal - Matlab

2.5.4   Desafios para o Leitor Interessado

1. Quais as principais semelhanças entre redes neuronais artificiais e redes neuronais biológicas?

2. Indique as duas operações mais importantes no funcionamento de um neurónio artificial.

3. Indique o objetivo da função de ativação de um neurónio.

4. Porque razão o perceptrão não consegue representar a função XOR?

5. Qual a diferença principal entre uma rede feed-forward e uma rede recorrente?

6. Porque é que a regra Delta tem esse nome?

7. Considere a rede neuronal da Figura 2.46 com unidades lineares. Calcule a saída da rede.

8. Considere a seguinte rede neuronal em que os pesos das ligações são os da Figura 2.47 e da Tabela 2.3.

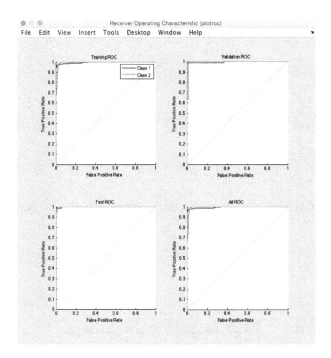

Figura 2.41: Curva ROC da rede neuronal - Matlab

Figura 2.42: Janela de deploy - Matlab

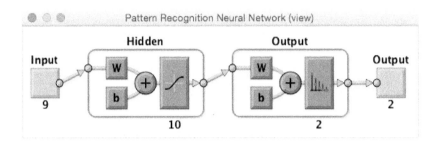

Figura 2.43: Diagrama da rede neuronal - Matlab

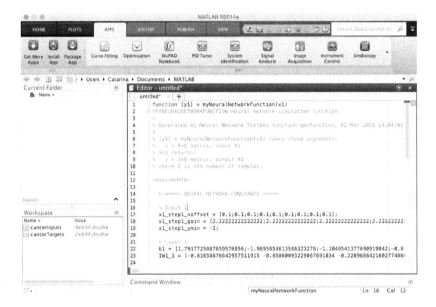

Figura 2.44: Função gerada de rede neuronal – Matlab

Figura 2.45: Janela final da geração da rede neuronal- Matlab

(a) Use a função sigmóide binária para calcular os valores de ativação para cada unidade, quando o vector de entrada apresentado é [0, 1]. Nota: Função sigmóide: $f(x) = \frac{1}{1+e^{-x}}$

(b) Calcule os erros delta para cada unidade de saída e para cada unidade da camada escondida sabendo que a saída pretendida é [1, 1].

(c) Usando uma taxa de aprendizagem = 0.25, calcule os novos pesos para as ligações. Nota: para simplificar, neste exercício ignoramos a entrada do bias de cada neurónio.

9. No exemplo do dataset Labor com o Weka experimente usar uma taxa de aprendizagem decrescente e verifique se consegue melhores resultados.

10. Usando o dataset das Flores tente classificar as gerberas usando uma rede neuronal (usando o ficheiro BOOK_flores_50_BW_Gerberas.arff ou o ficheiro BOOK_flores_50_BW_Gerberas_PCA.arff).

11. Explore os restantes datasets disponíveis no Matlab e tente melhorar

os resultados alterando as configurações.

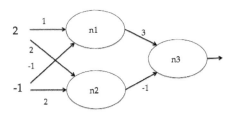

Figura 2.46: Esquema de rede neuronal para o desafio 7

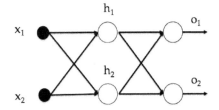

Figura 2.47: Esquema de rede neuronal para o desafio 8

2.5.5   Resolução de Alguns Desafios

8. (a) Saída de h_1: $f(0 \times (-0,1) + 1 \times 0,3) = f(0,3) = \frac{1}{1+e^{-0,3}} = 0,57$
         Saída de h_2: $f(0 \times 0,2 + 1 \times (-0,2)) = f(-0,2) = \frac{1}{1+e^{-0,2}} = 0,45$
         Saída de o_1: $f(0,57 \times 0,2 + 0,45 \times (-0,5)) = f(-0,081) = 0,47$
         Saída de o_2: $f(0,57 \times 0,2 + 0,45 \times (-0,1)) = f(-0,069) = 0,51$

  (b) $o_1 = (1 - 0,47) \times 0,47 \times (1 - 0,47) = 0,53 \times 0,47 \times 0,53 = 0,13$
      $o_2 = (1 - 0,51) \times 0,51 \times (1 - 0,51) = 0,49 \times 0,51 \times 0,49 = 0,12$
      $h_1 = 0,57 \times (1 - 0,57) \times (0,2 \times 0,13 + 0,2 \times 0,12) = 0,01$
      $h_2 = 0,45 \times (1 - 0,45) \times (-0,5 \times 0,13 + (-0,1) \times 0,12) = -0,01$

Tabela 2.3: Pesos das ligações para o desafio 8

$w_{h_1 x_1}$	-0,1
$w_{h_1 x_2}$	+0,3
$w_{h_2 x_1}$	+0,2
$w_{h_2 x_2}$	-0,2
$w_{o_1 h_1}$	+0,2
$w_{o_1 h_2}$	+0,5
$w_{o_2 h_1}$	-0,2
$w_{o_2 h_2}$	+0,1

(c) $w_{h_1 x_1} = -0,1 + 0,25 \times 0,01 \times 0 = -0,1$
$w_{h_1 x_2} = 0,3 + 0,25 \times 0,01 \times 1 = 0,3025$
$w_{h_2 x_1} = 0,2 + 0,25 \times (-0,01) \times 0 = 0,2$
$w_{h_2 x_2} = -0,2 + 0,25 \times (-0,01) \times 1 = -0,2025$
$w_{o_1 h_1} = 0,2 + 0,25 \times 0,13 \times 0,57 = -0,2189$
$w_{o_1 h_2} = -0,5 + 0,25 \times 0,13 \times 0,45 = -0,4853$
$w_{o_2 h_1} = 0,2 + 0,25 \times 0,12 \times 0,57 = 0,2173$
$w_{o_2 h_2} = -0,1 + 0,25 \times 0,12 \times 0,45 = -0,865$

Capítulo 3

Árvores de Decisão

Vamos agora ver uma nova abordagem de aprendizagem que é uma sólida estrutura de aprendizagem: as árvores de decisão. A ideia base é resolver subproblemas mais simples partindo dum problema complexo. As árvores de decisão são muito simples de compreender, e podem ser transformadas num conjunto de regras *if-then*.

3.1 Introdução

Uma árvore de decisão utiliza a estratégia de dividir-para-reinar, que consiste em decompor um problema complexo em subproblemas mais simples. Esta estratégia é aplicada recursivamente a cada subproblema. A capacidade de discriminação de uma árvore vem da divisão do espaço definido pelos atributos em subespaços. A cada subespaço é associada uma classe. Dando um exemplo extremamente simples, podemos ter o problema binário de decidir se levamos chapéu-de-chuva quando saímos de casa. Considerando a informação sobre se está a chover no momento, podemos dividir o problema em dois mais simples: subproblema 1) decidir se levamos o chapéu sabendo que está a chover; e subproblema 2) decidir se levamos o chapéu se não estiver a chover. Evidentemente o subproblema 1 tem uma solução imediata, podendo-se nesse momento aplicar novamente esta divisão ao subproblema 2, fazendo uso de outro tipo de informação. Ao longo deste capítulo vamos então explicar com mais profundidade a criação e a utilização deste tipo de soluções.

Tem havido um interesse crescente neste tipo de abordagens tendo-se desenvolvido vários paradigmas, como por exemplo CART ou C4.5, estando disponíveis vários pacotes de software que os implementam, como por exemplo Splus, Statistica, SPSS ou o Weka já utilizado no capítulo anterior.

Tentando formalizar um pouco a descrição acima, as árvores de decisão efetuam uma partição do espaço dos atributos como se ilustra na Figura 3.1. Vejamos como é obtida a partição A no espaço de atributos. Se a variável $X_1 > a_1$ e $X_2 > a_2$, isto é, se o percurso na árvore se fizer pelo seu lado mais à direita, desde o nó até à raiz, efetivamente a partição encontrada é A. Na Figura 3.1 encontramos essa partição se atribuirmos aos atributos esses valores. O leitor é convidado a verificar as outras partições de B a E, atribuindo os possíveis valores dos atributos que configuram os ramos da árvore do lado esquerdo.

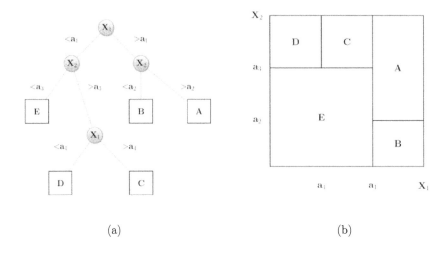

(a)   (b)

Figura 3.1: Árvore de decisão: exemplo de partição do espaço de atributos

3.2   Representação de uma Árvore de Decisão

Para a representação de uma árvore de decisão usamos nós de decisão que contêm um teste relativo a determinado atributo. Cada ramo descendente corresponde a um possível valor (ou gama de valores) desse atributo. Cada folha está associada a uma classe, e a cada percurso na árvore (da raiz à folha)

corresponde uma regra de classificação, como se apresenta na Figura 3.2. No espaço definido pelos atributos, cada folha corresponde a uma região, sendo representada por um retângulo. A intersecção dos retângulos é vazia e a sua união é o espaço completo.

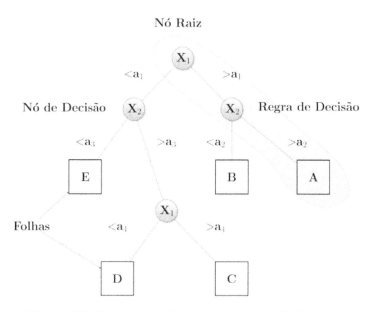

Figura 3.2: Representação de uma árvore de decisão

Uma árvore de decisão representa a disjunção de conjunções de restrições nos valores dos atributos. Cada percurso no ramo na árvore é uma conjunção de condições, enquanto o conjunto de ramos na árvore é disjunto. É interessante verificar que qualquer função lógica pode ser representada por uma árvore de decisão. Como exemplo, examinemos a Figura 3.3 onde está representada a função OR. No caso em que o valor de a é 1, que corresponde ao lado direito da árvore, a função OR assume o valor 1, ou seja, é verdadeira. O resultado, como havíamos referido, encontra-se no retângulo terminal do lado direito.

Um outro exemplo corresponde à função lógica AND que se ilustra na Figura 3.4 e cuja interpretação é semelhante à do exemplo anterior da função OR.

Antes de prosseguirmos com a forma de construção de árvores de decisão,

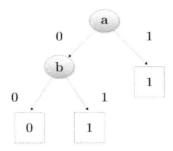

Figura 3.3: Representação da Função Lógica OR com uma árvore de decisão

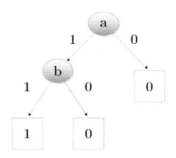

Figura 3.4: Representação da Função Lógica AND com uma árvore de decisão

vamos ainda apresentar um exemplo típico deste tipo de algoritmo de aprendizagem computacional. Trata-se do problema que tem como objetivo prever se o estado do tempo leva à decisão de jogar (ou não) golfe.

Ou seja, existem duas classes possíveis, ou há condições para jogar golfe (Jogar) ou não há condições para jogar golfe (Não Jogar), como se pode observar no conjunto de exemplos da Tabela 3.1. Como ilustrado na árvore de decisão da Figura 3.5, a informação disponível (atributos) são o estado do tempo, a humidade e o vento, com os valores apresentados na Tabela 3.2.

Tabela 3.1: Dados de treino do exemplo jogar golfe

Amostras			Atributos		Tipo
N	Tempo	Temperatura	Humidade	Vento	Classe
1	Sol	Alta	Alta	Não	Não Jogar
2	Sol	Alta	Alta	Sim	Não Jogar
3	Nublado	Alta	Alta	Não	Jogar
4	Chuva	Suave	Alta	Não	Jogar
5	Chuva	Baixa	Normal	Não	Jogar
6	Chuva	Baixa	Normal	Sim	Não Jogar
7	Nublado	Baixa	Normal	Sim	Jogar
8	Sol	Suave	Alta	Não	Não Jogar
9	Sol	Baixa	Normal	Não	Jogar
10	Chuva	Suave	Normal	Sim	Jogar
11	Sol	Suave	Normal	Sim	Jogar
12	Nublado	Suave	Alta	Sim	Jogar
13	Nublado	Alta	Normal	Não	Jogar
14	Chuva	Suave	Alta	Sim	Não Jogar

Neste caso, analisando a árvore, pode classificar-se (decidir-se) cada situação seguindo a árvore, por exemplo se hoje está a chover, mas não estiver vento significa que a decisão é de ir jogar.

Figura 3.5: Árvore de decisão do exemplo jogar golfe

Tabela 3.2: Atributos (e valores possíveis) do exemplo jogar golfe

Atributo	Valores Possíveis
Tempo	Sol, Nublado, Chuva
Temperatura	Alta, Baixa, Suave
Humidade	Alta, Normal
Vento	Sim, Não

3.3 Construção de uma Árvore de Decisão

O processo de construção de uma árvore de decisão passa inicialmente pela escolha de um atributo que será a raiz da árvore. No exemplo de jogar golfe da Figura 3.5, o escolhido foi o estado do tempo. A escolha do atributo para o nó raiz da árvore é muito importante. É normalmente baseada em ganho de informação, que abordaremos numa secção específica. Depois de escolhido esse atributo, a árvore é estendida adicionando um ramo para cada valor (ou gama de valores) do atributo, seguindo os exemplos para as folhas (tendo em conta o valor do atributo).

De seguida, avalia-se se a árvore está completamente construída, isto é, se todos os exemplos de cada ramo são da mesma classe. Caso não esteja, volta a aplicar-se o processo a todos os novos nós da árvore. Apresentamos de seguida o algoritmo de construção de uma árvore de decisão:

Algoritmo 1 Algoritmo de Construção de Árvores de Decisão

Input: exemplos de treino
1. Para cada atributo
    1.1. Calcule o ganho de informação
    1.2. Defina o atributo com maior ganho de informação
2. Crie um nó de decisão que se divide em ramos com base nos valores desse atributo
3. Caso os exemplos não estejam todos separados por classe em cada ramo, volte a aplicar 1 e 2 a cada nó que ainda estiver por dividir
Output: Árvore de decisão

3.3.1 Critérios para a Escolha de um Atributo

Como medir a habilidade de um dado atributo para discriminar as classes? Existem muitas medidas. A escolha de um atributo passa normalmente pela utilização de heurísticas que olham um passo à frente e normalmente não reconsideram as opções já tomadas anteriormente. De qualquer forma, essas heurísticas concordam em dois aspetos:

1. Uma divisão que mantenha as proporções de classes em todas as partições torna-se inútil (Figura 3.6 (a));

2. Uma divisão onde em cada partição todos os exemplos são da mesma classe tem utilidade máxima (Figura 3.6 (b)).

As medidas de partição podem ser caracterizadas de duas formas:

1. Pela medida da diferença dada pelas proporções das classes entre o nó atual e os nós descendentes. Tem a vantagem de valorizar a pureza das partições.

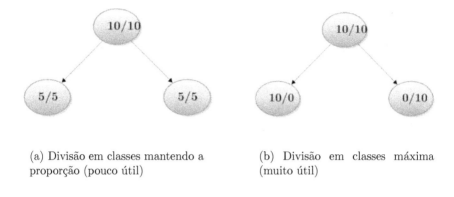

(a) Divisão em classes mantendo a
proporção (pouco útil)

(b) Divisão em classes máxima
(muito útil)

Figura 3.6: Critérios para escolha de atributos

2. Pela medida da diferença dada por uma função baseada nas proporções
das classes entre os nós descendentes. Neste caso, é valorizada a dis-
paridade entre as partições, e sendo uma medida de independência, é
também uma medida do grau de associação entre os atributos e a classe.

Problemas NP-Completo

A construção de uma árvore de decisão é considerada um problema NP
Completo. Para definir se um problema é P *versus* NP devemos perguntar
se todos os problemas cuja solução pode ser rapidamente verificada por um
computador também podem ser rapidamente resolvidos por um computador,
ou seja, se existe um algoritmo que execute em tempo polinomial a tarefa.
A classe geral de questões em que um algoritmo pode fornecer uma resposta
em tempo polinomial é chamada de "classe P"ou simplesmente "P". Para
alguns problemas, não há nenhuma maneira conhecida para encontrar uma
resposta rapidamente, apesar de ser possível verificar a resposta rapidamente.
A classe de questões em que uma resposta não pode ser verificada em tempo
polinomial é chamada NP (ou NP-Completo).

3.3.2 Entropia

A entropia é uma medida da aleatoriedade de uma variável. Usaremos algumas definições úteis para se perceber como a entropia é essencial para construir uma árvore de decisão. A entropia de uma variável nominal X que pode tomar i valores pode ser calculada através da seguinte equação:

$$Entropia(X) = -\sum_i p_i \times \log_2 p_i \tag{3.1}$$

A entropia tem um máximo ($\log_2 p_i$) se $p_i = p_j$ se para qualquer i diferente de j e $Entropia(X) = 0$ se e só se existe um i tal que $p_i = 1$. Por conveniência, assume-se que $0 \times \log_2 0 = 0$. A Figura 3.7 ilustra a curva da entropia de acordo com esta equação.

Sobre-ajustamento (*overfitting*)

O problema do sobre-ajustamento ou overfitting já referido no capítulo inicial deste livro também se coloca no caso das árvores de decisão. Diz-se que uma árvore de decisão faz sobre-ajustamento aos dados se existir uma árvore que exiba um melhor comportamento demasiado bom no conjunto de treino e fraco no conjunto de teste. Tal situação pode acontecer por vários motivos, nomeadamente ruído nos dados ou excesso de procura. Como o número de parâmetros de uma árvore de decisão cresce linearmente com o número de exemplos, uma árvore de decisão pode obter um ajuste (demasiado) perfeito aos dados de treino. Relembrando o princípio Ockham's razor, que releva a preferência pela hipótese mais simples, a ideia para evitar sobre-ajustamento passa então por considerar que:
– Existem menos hipóteses simples do que complexas.
– Se uma hipótese simples explica os dados é pouco provável que seja uma coincidência.
– Uma hipótese complexa pode explicar os dados apenas por coincidência.
– A avaliação de uma hipótese deve ter em conta o processo de construção da hipótese.

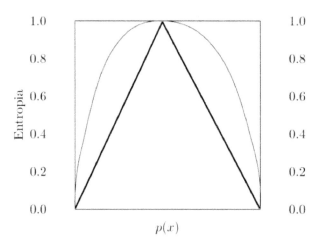

Figura 3.7: Curva da entropia (linha fina) e a curva de erro (linha mais escura)

3.3.3 Ganho de Informação

No contexto das árvores de decisão, a entropia é usada para estimar a aleatoriedade da variável a prever: a classe. A questão que se coloca agora é saber para um dado conjunto de exemplos, qual o atributo a escolher para teste? À partida sabemos que os valores de um atributo definem partições do conjunto de exemplos. Por outro lado, o ganho de informação mede a redução da entropia causada pela partição dos exemplos de acordo com os valores do atributo, como se apresenta na fórmula seguinte.

$$Ganho(Exemplos, Atributos) =$$
$$Entropia(exemplos) - \sum \frac{\#Exemplos_v}{\#Exemplos} \times Entropia(exemplos)$$

$$(3.2)$$

A construção de uma árvore de decisão é guiada pelo objetivo de diminuir a entropia, ou seja, a aleatoriedade - dificuldade de previsão - da variável objetivo. De seguida vamos analisar como se calcula o ganho de informação de um atributo nominal e de um atributo numérico.

Atributos Nominais – Cálculo do Ganho de Informação

Consideremos novamente o exemplo da árvore de decisão Jogar Golfe com as duas classes possíveis: (Sim, Não) ou (Jogar, Não Jogar). Na Tabela 3.3 apresentamos a divisão dos 14 exemplos da Tabela 3.1 por classes de acordo com o atributo Tempo. Por exemplo, quando existe Sol, temos dois exemplos em que se joga golfe (Sim) e três exemplos em que não se joga golfe (Não). Ilustramos na Figura 3.8 a mesma informação de uma forma visual. Vamos agora ver como se calcula o ganho tendo por base esta informação nominal dos atributos.

Tabela 3.3: Divisão dos exemplos por classes de acordo com o atributo Tempo

	Sol	Nublado	Chuva
Sim	2	4	3
Não	3	0	2

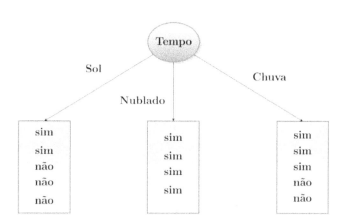

Figura 3.8: Critérios Atributos nominais

Para calcular a informação das classes (Sim, Não) contamos quantas vezes ocorre o Sim (9 vezes) e dividimos pelo número total de possibilidades (14 vezes) para encontrar a probabilidade correspondente. Fazemos do mesmo modo para o Não. Temos assim a informação da classe positiva como $p(\text{Sim}) = 9/14$ e a informação da classe negativa como $p(\text{Não}) = 5/14$. De acordo com a equação da entropia apresentada na Secção 3.3.2, temos:

$$\text{info(joga)} = -\frac{9}{14}\log_2\frac{9}{14} - \frac{5}{14}\log_2\frac{5}{14} = 0,940 \text{ bits} \qquad (3.3)$$

Para calcular a informação nas partições utilizamos a noção de probabilidade condicionada e aplicamos a equação de entropia. Assim, temos:

$$p(\text{sim—tempo=sol}) = \frac{2}{5}$$
$$p(\text{não—tempo=sol}) = \frac{3}{5}$$
$$\text{info(joga—tempo=sol)} = -\frac{2}{5}\log_2\frac{2}{5} - \frac{3}{5}\log_2\frac{3}{5} = 0,971 \text{ bits}$$
$$\text{info (joga — tempo = nublado)} = 0,0 \text{ bits}$$
$$\text{info (joga — tempo = chuva)} = 0,971 \text{ bits}$$
$$\text{info(tempo)} = \frac{5}{14} \times 0,971 + \frac{4}{14} \times 0 + \frac{5}{14} \times 0,971 = 0,693$$

$$(3.4)$$

O Ganho de Informação obtido neste atributo é então dado por:

$$\text{Ganho(tempo)} = 0,940 - 0,693 = 0,247 \text{ bits} \qquad (3.5)$$

Reparemos que o valor da informação relativa a jogar, sabendo que o tempo está nublado, info(joga—tempo=nublado), é zero. O leitor pode verificar facilmente este resultado, se tomar em atenção as propriedades da entropia referidas anteriormente, em particular, o facto de que $Entropia(x) = 0$ se e só se existe um i tal que $p_i = 1$.

Atributos numéricos – Cálculo do Ganho de Informação

Um teste num atributo numérico produz uma partição binária do conjunto de exemplos correspondente, por um lado, aos exemplos onde o valor do atributo é menor do que um ponto de referência e, por outro lado, aos exemplos onde o valor do atributo é maior ou igual ao mesmo ponto de referência. A escolha do ponto de referência passa por ordenar os exemplos por ordem crescente dos valores do atributo numérico. Qualquer ponto intermédio entre dois valores diferentes (e consecutivos) dos valores observados no conjunto de treino pode ser utilizado como possível ponto de referência. É usual considerar o valor médio entre dois valores diferentes e consecutivos. Vamos usar o exemplo do Jogar Golfe, mas desta vez vamos usar o atributo Temperatura com valores numéricos (em substituição dos valores nominais Alta, Baixa, Suave, apresentados na Tabela 3.1). Assim, vamos considerar os valores apresentados na Tabela 3.4, onde se encontram explicitados os valores numéricos da temperatura em graus Fahrenheit (do original) e da humidade em percentagem.

Tabela 3.4: Dados numéricos do exemplo jogar golfe

Amostras	Atributos				Tipo
N	Tempo	Temperatura	Humidade	Vento	Classe
1	Sol	85	85	Não	Não Jogar
2	Sol	80	90	Sim	Não Jogar
3	Nublado	78	Alta	Não	Jogar
4	Chuva	70	96	Não	Jogar
5	Chuva	68	80	Não	Jogar
6	Chuva	65	70	Sim	Não Jogar
7	Nublado	74	65	Sim	Jogar
8	Sol	72	95	Não	Não Jogar
9	Sol	69	70	Não	Jogar
10	Chuva	75	80	Sim	Jogar
11	Sol	75	70	Sim	Jogar
12	Nublado	72	90	Sim	Jogar
13	Nublado	81	75	Não	Jogar
14	Chuva	71	80	Sim	Não Jogar

Para se definir um ponto de corte, ter-se-á de ordenar os exemplos por ordem crescente do valor do atributo (neste caso a temperatura), como apresentado na Tabela 3.5.

Tabela 3.5: Dados de atributos numéricos do exemplo jogar golfe ordenados por valores de temperatura crescente

Amostras	Atributos				Tipo
N	Tempo	Temperatura	Humidade	Vento	Classe
7	Nublado	74	65	Sim	Jogar
6	Chuva	65	70	Sim	Não Jogar
5	Chuva	68	80	Não	Jogar
9	Sol	69	70	Não	Jogar
4	Chuva	70	96	Não	Jogar
14	Chuva	71	80	Sim	Não Jogar
8	Sol	72	95	Não	Não Jogar
12	Nublado	72	90	Sim	Jogar
10	Chuva	75	80	Sim	Jogar
11	Sol	75	70	Sim	Jogar
2	Sol	80	90	Sim	Não Jogar
13	Nublado	81	75	Não	Jogar
3	Nublado	78	Alta	Não	Jogar
1	Sol	85	85	Não	Não Jogar

Considere o ponto de referência da temperatura = 70,5, como apresentado na Figura 3.9. Um teste usando este ponto de referência divide os exemplos em duas partições: exemplos em que a temperatura $< 70,5$ e os exemplos em que a temperatura $> 70,5$. Como medir o ganho de informação desta partição?

Com a ajuda da Figura 3.9 podemos calcular a Informação nas várias partições. Assim, vejamos nos passos seguintes os cálculos, que levam à obtenção do ganho.

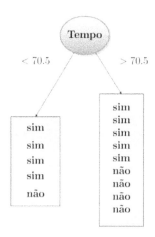

Figura 3.9: Partição usando atributos numéricos

$$p(\text{sim—temperatura} < 70,5) = \frac{4}{5}$$

$$p(\text{não—temperatura} < 70,5) = \frac{1}{5}$$

$$p(\text{sim—temperatura} > 70,5) = \frac{5}{9}$$

$$p(\text{não—temperatura} > 70,5) = \frac{4}{9}$$

$$p(\text{info—temperatura} < 70,5) = -\frac{4}{5} \times \log_2 \frac{4}{5} - \frac{1}{5} \times \log_2 \frac{1}{5} = 0,721 \text{ bits}$$

$$p(\text{info—temperatura} > 70,5) = -\frac{5}{9} \times \log_2 \frac{5}{9} - \frac{4}{9} \times \log_2 \frac{4}{9} = 0,991 \text{ bits}$$

$$p(\text{temperatura}) = \frac{5}{14} \times 0,721 + \frac{9}{14} \times 0,991 = 0,895 \text{ bits}$$

$$\text{Ganho(temperatura)} = 0,940 - 0,895 = 0,045 \text{ bits}$$

$$(3.6)$$

3.3.4   Critérios de Paragem

A questão que se coloca agora é quando devemos parar com a divisão dos exemplos. Podemos ver as quatro possibilidades seguintes:

1. Todos os exemplos pertencem à mesma classe, como se pode observar na Figura 3.10(a).

2. Todos os exemplos têm os mesmos valores dos atributos, mas diferentes classes, como se encontra exemplificado na Figura 3.10(b).

3. O número de exemplos é inferior a um certo limite.

4. O mérito de todos os possíveis testes de partição dos exemplos é muito baixo, de acordo com a Figura 3.10(c).

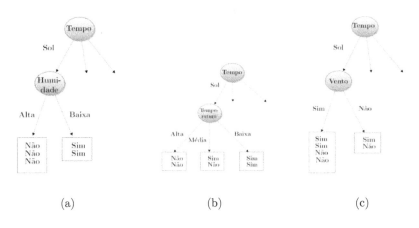

Figura 3.10: Critérios de paragem

3.4   Aplicações

Vamos agora apresentar alguns exemplos práticos de problemas reais resolvidos através da construção de árvores de decisão.

3.4.1 Jogar Golfe com Weka

A primeira aplicação é a que nos tem vindo a acompanhar neste capítulo, ou seja o problema de decidir se se deve ir jogar golfe em determinado dia.

Vamos usar o Weka para a construção e teste da árvore de decisão, usando o conjunto de dados da Tabela 3.1, que se podem importar para o explorador do Weka através do ficheiro BOOK_golfe.arff.

Este ficheiro de dados foi criado com um exemplo sobejamente conhecido, que inclui os 14 exemplos de treino especificados na Tabela 3.1.

Depois de se importar o ficheiro para o explorador podemos visualizar as relações dos atributos com a classe objetivo usando o botão visualize all, obtendo o resultado da Figura 3.11.

Simplificar a árvore

De modo a efetuar a simplificação da árvore afiguram-se duas possibilidades, ou parar o crescimento da árvore mais cedo (pre-pruning), ou deixar crescer uma árvore completa e podar a árvore (pos-pruning). É utilizada a poda, pruning, por diversos motivos: o modelo "treinado"não conseguir acertar em todos os casos, dificultando a classificação dos casos de teste; ou por faltarem variáveis importantes na base de dados utilizada na aprendizagem, existir "ruído"nos exemplos considerados ou faltarem exemplos com "acontecimentos raros". Pode obter-se uma aproximação do erro usando "os exemplos de treino".

Depois de criado o modelo, determinamos o que este propõe para o campo "classifica"e depois "cruzamos"o que está nos dados com o que foi previsto, construindo-se a tabela de contingência e avaliando depois o modelo com métricas apropriadas.

De seguida, no separador *Classify* escolhe-se um dos métodos da classe *"trees"*, neste caso o ID3 (ver Figura 3.12), pois temos apenas valores nominais. Usando os valores por omissão e escolhendo ●, obtém-se o resultado da Figura 3.13, ou seja, apenas 2 erros nos exemplos apresentados. Pode ainda ter-se uma representação da árvore que gerou este resultado, como se verifica na Figura 3.14, que é em tudo semelhante à árvore apresentada na Figura 3.5, sendo facilmente interpretada a justificação da classificação de cada exemplo (ver caixa "Algoritmos caixa branca").

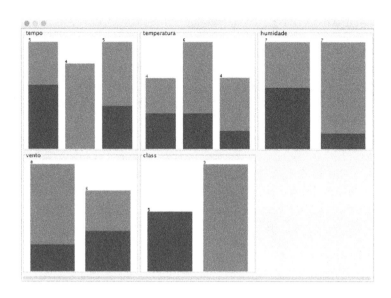

Figura 3.11: Visualização de todos os atributos do problema jogar golfe

Figura 3.12: Escolha do algoritmo ID3

Figura 3.13: Desempenho do ID3 no problema de jogar golfe

```
=== Classifier model (full training set) ===

Id3

tempo = sol
|  humidade = alta: NAO
|  humidade = normal: SIM
tempo = nublado: SIM
tempo = chuva
|  vento = nao: SIM
|  vento = sim: NAO
```

Figura 3.14: Árvore resultante do ID3 no problema de jogar golfe

Algoritmos "caixa branca"

As árvores de decisão são algoritmos "caixa branca", ou seja, são algoritmos em que a justificação da classificação de determinado exemplo em determinada classe pode ser efetuada de uma forma sistemática. Por exemplo, na árvore criada para o problema da Iris, a classificação como Iris-setosa justifica-se pela largura da pétala ser inferior a 0,6. Em muitas aplicações os algoritmos de caixa branca são preferidos devido à sua compreensão, mesmo que o seu desempenho seja um pouco inferior, ou seja, por vezes é tão importante obter o resultado correto como saber explicá-lo, o que não acontece em algoritmos "caixa preta" como as redes neuronais, por exemplo.

3.4.2   Iris com Weka

Vamos agora usar um dos exemplos mais conhecidos na área da aprendizagem computacional, o dataset Iris, disponível com o Weka (iris.arff). Trata-se de um conjunto de dados que, com base em 4 medidas da planta Iris (comprimento e largura da sépala e comprimento e largura da pétala) pretende classificar cada exemplo em uma de três classes: Iris-setosa, Iris-versicolor e Iris-virginica, representadas na Figura 3.15 (a), (b) e (c), respetivamente.

(a) Iris-setosa   (b) Iris-versicolor   (c) Iris-virginica

Figura 3.15: Imagens do probelma Iris

Depois de importar o ficheiro iris.arff no explorer do Weka podemos começar por visualizar a distribuição dos exemplos pelas 3 classes, de acordo com a Figura 3.16, ou seja, vemos que temos 150 exemplos, sendo 50 de cada classe e temos os 4 atributos. Podemos também visualizar na Figura 3.17

(visualize All), a distribuição por classes de acordo com os valores de cada atributo. Nesta visualização geral podemos aperceber-nos de que neste caso os valores das entradas são numéricos, pelo que não vamos aplicar o algoritmo ID3, mas sim o Algoritmo J48, que é uma implementação em Java do Algoritmo C4.5.

Figura 3.16: Distribuição dos exemplos do problema Iris pelas classes

Assim, no separador Classify, vamos então escolher o algoritmo J48 e deixar intactos os parâmetros pré-definidos, de acordo com a Figura 3.18. Destes parâmetros vamos realçar os mais importantes:

- binarySplits – utilização de divisões binárias nos atributos nominais. Caso esteja a verdadeiro, saem dois ramos de cada nó que são complementares, por exemplo "igual a preto" e "diferente de preto".

- minNumObj – número mínimo de exemplos por folha. Quando é atingido aquele nó não é mais dividido.

Executando o algoritmo (Start) usando cross-validation, obtemos os resultados da Figura 3.19 e a árvore da Figura 3.20.

Analisando os resultados obtidos, verificamos que apenas 3 exemplos são mal classificados, ou seja, a árvore de decisão básica obteve um excelente desempenho. Analisando a árvore resultante apresentada na figura anterior, verificamos que o atributo considerado mais informativo foi a largura da

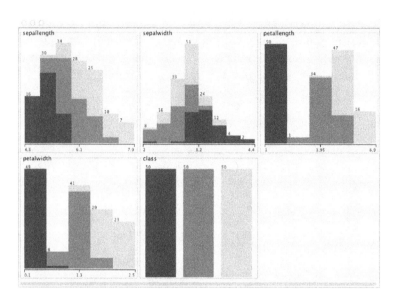

Figura 3.17: Distribuição por classes pelos valores de cada atributo do problema Iris

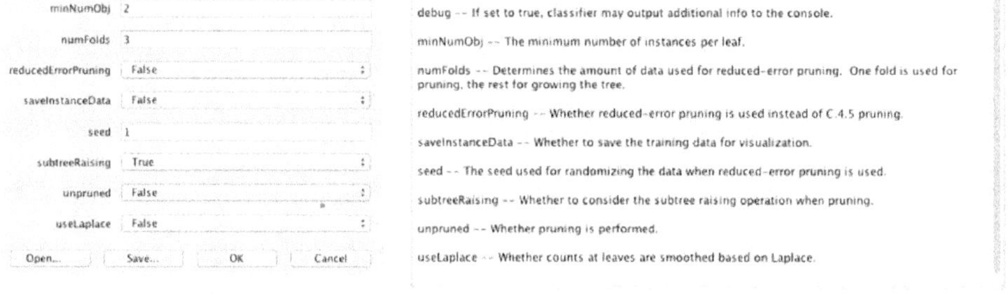

Figura 3.18: Parâmetros do Algoritmo J48

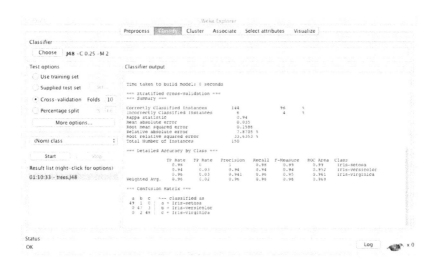

Figura 3.19: Resultados do algoritmo J48 aplicado ao problema Iris

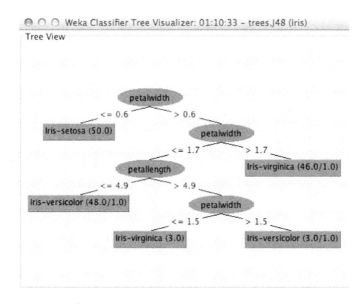

Figura 3.20: Árvore do algoritmo J48 aplicado ao problema Iris

pétala, através da qual foi possível identificar todos os elementos da classe
Iris-setosa.

Árvores de decisão vs. Regras de decisão

As árvores de decisão podem também ser representadas como regras
de decisão. Na realidade trata-se apenas de duas representações diferentes
do mesmo algoritmo, uma representação gráfica (as árvores) e outra representação em regras if-then. Quando falamos de regras há alguns conceitos
que surgem:
- **Cobertura** (*coverage*) de uma regra: percentagem de exemplos que
satisfazem o antecedente da regra
- **Acurácia** (*accuracy*) de uma regra: dos exemplos cobertos, qual a
percentagem que satisfazem também o consequente da regra

No exemplo da classificação da Iris a regra

$$\text{if } (petal\_width \leq 0.6) \text{ then Iris-setosa}$$

teríamos:
- Cobertura: 50 em 150 → 33%
- Acurácia: 50 em 50 → 100%

3.4.3   Iris com Matlab

Vamos agora analisar o mesmo problema de classificação das Iris, mas resolvido no Matlab, que também disponibiliza este dataset. Assim, basta
arrancar o Matlab e na janela de comandos carregar o conjunto de dados
(load fisheriris). Na Figura 3.21 podemos analisar o espaço de trabalho,
onde estão definidas as variáveis carregadas e observar que temos as entradas com 150 exemplos com 4 características (150×4) e as saídas com as 150
classes correspondentes a cada um dos exemplos (150×1).

De seguida vamos criar uma árvore de decisão que se adeque aos dados
usando a função fitctree. Consultando a ajuda do Matlab (help fitctree),
temos acesso à descrição da função, como podemos observar na Figura 3.22.

Vamos então criar a árvore de decisão como nas Figuras 3.23 e 3.24.

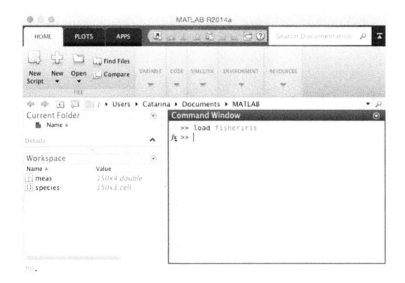

Figura 3.21: Carregamento dos dados IRIS - Matlab

Figura 3.22: Função Fitctree - Matlab

Para tal, executamos a função fitctree com os dois parâmetros necessários: a representação dos exemplos e a classificação dos exemplos. Na Figura 3.23 apresenta-se o comando de construção da árvore e o decorrer do processo de classificação e na Figura 3.24, apresenta-se o esquema da árvore para melhor compreensão.

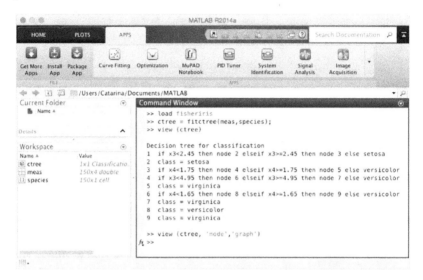

Figura 3.23: Resultados da Função Fitctree – Matlab

3.5   Desafios para o Leitor Interessado

1. Um conceito importante nas árvores de decisão é a Entropia. Apresente uma definição de entropia e explique a forma como se relaciona com as árvores de decisão.

2. Outro conceito muito importante nas árvores de decisão é o Ganho de Informação. Dê uma definição de ganho de informação e explique a forma como se relaciona com as árvores de decisão, nomeadamente com o conceito de "dividir para reinar".

3. Considere a árvore de decisão da Figura 3.25. Construa a tabela de decisão e as regras de decisão associadas.

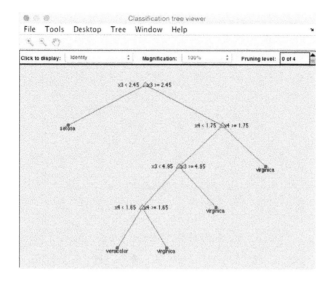

Figura 3.24: Gráfico da Função Fitctree - Matlab

4. Considere o problema de jogar golfe. Tente resolvê-lo retirando o atributo "céu" (separador preprocess, selecionar o atributo e carregar no botão remove). Classifique novamente.

   Como compara estes resultados com os resultados apresentados neste capítulo? Justifique.

5. Altere alguns dos parâmetros do J48 (binarySplits e minNumObj) e valide as consequências.

6. O que entende por cobertura (coverage) e acurácia de uma regra de decisão? Dê um exemplo.

7. As árvores de decisão podem ser utilizadas para apoio ao diagnóstico médico. A Tabela 3.6 ilustra a base de conhecimentos adquirida pelo médico. Neste exemplo, o médico faz 8 perguntas sobre os sintomas do paciente (resposta: 'S'/'N'), por exemplo, 1 = Dor de Cabeça?, 2 = Febre?, 3 = Problemas digestivos?, etc.. Neste desafio pretende-se que crie uma árvore binária de decisão baseada nesta tabela de conhecimentos médicos.

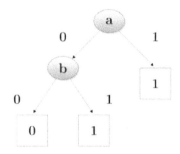

Figura 3.25: Árvore de decisão para o desafio 3

Tabela 3.6: Dados para o desafio 7

1	2	3	4	5	6	7	8	Diagnóstico
S	S	N	S	N	S	S	S	Gripe
S	N	S	S	S	N	N	S	Sem problemas
S	N	S	N	S	N	S	N	Morte Certa
S	N	N	S	S	N	S	N	Morte Certa

8. A Tabela 3.7 apresenta o conjunto de dados, que estão disponíveis no ficheiro BOOK_animais.arff (o valor 'T' para alguns atributos significa que por vezes o atributo é verdadeiro e por vezes é falso). Construa uma árvore de decisão para o problema da classificação de animais.

3.6   Resolução de Alguns Desafios

3. Se a é 1, a classe é 1; Se a é 0, então Se b é 0 a classe é 0 e se b é 1 a classe é 1.

7. A árvore é apresentada na Figura 3.26.

8. Abra o ficheiro BOOK_animais.arff no explorer do Weka, explore e visualize os dados. Remova o atributo nome pois não é relevante para

a	b	Classe
0	0	0
0	1	1
1	0	1
1	1	1

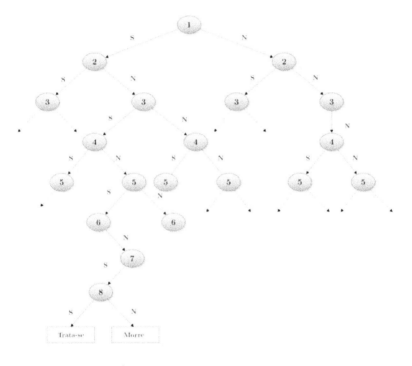

Figura 3.26: Árvore de decisão solução para o desafio 7

a classificação. No separador Classify escolha ID3 ou J48 e analise o resultado. Procure encontrar redundância nos dados (Dica: analise os atributos "dá à luz" e "põe ovos").

Tabela 3.7: Características do dataset Animais (Weka)

	Nome	Atributos					Tipo
		Dá à luz	Põe ovos	Voa	Vive na água	Pernas	Tipo
1	Humano	S	N	N	N	S	Mamíferos
2	Piton	N	S	N	N	N	Répteis
3	Salmão	N	S	N	S	N	Peixes
4	Baleia	S	N	N	S	N	Mamíferos
5	Sapo	N	S	N	T	S	Anfíbios
6	Komodo	N	S	N	N	S	Répteis
7	Morcego	S	N	S	N	S	Mamíferos
8	Pombo	N	S	S	N	S	Pássaros
9	Gato	S	N	N	N	S	Mamíferos
10	Tubarão	S	N	N	S	N	Peixes
11	Tartaruga	N	S	N	T	S	Répteis
12	Pinguim	N	S	N	T	S	Pássaros
13	P.Espinho	S	N	N	N	S	Mamíferos
14	Enguia	N	S	N	S	N	Peixes
15	Salamandra	N	S	N	T	S	Anfíbio
16	Lagarto	N	S	N	N	S	Répteis
17	Ornitorrinco	N	S	N	N	S	Mamíferos
18	Coruja	N	S	S	N	S	Pássaros
19	Golfinho	S	N	N	S	N	Mamíferos
20	Águia	N	S	S	N	S	Pássaros

Capítulo 4

k-Nearest Neighbors

Neste capítulo vamos apresentar um algoritmo com um funcionamento simples, mas que tem um desempenho bastante razoável em vários problemas. Trata-se do algoritmo kNN (*k-Nearest Neighbors*), da classe dos algoritmos ditos preguiçosos (*Lazy learning*), pois o processo de aprendizagem só ocorre quando há instâncias para tratar, não ocorrendo a construção prévia de um modelo.

4.1 Introdução

O algoritmo kNN (*k-Nearest Neighbors* ou k vizinhos mais próximos) é um método de aprendizagem computacional muito intuitivo e de fácil interpretação, que classifica exemplos de teste ainda não classificados com base na sua proximidade (vizinhança) aos exemplos de treino que possuem classificação. Desta forma, o kNN começa por encontrar um grupo de k exemplos no conjunto de treino que estão mais próximos do exemplo de teste (com base numa medida de distância que tem de ser definida). Seguidamente, no exemplo mais típico, baseia-se a atribuição da classe na predominância de uma classe particular nesse conjunto de k vizinhos mais próximos. Esta é a descrição genérica do algoritmo que foi usada diretamente no nome que lhe foi atribuído (kNN).

O algoritmo kNN é, assim, um caso especial da aprendizagem baseada em casos ou instâncias (*instance-based learning*), que inclui o raciocínio baseado em casos (*case-based reasoning*), que lida com dados simbólicos em vez de numéricos.

A abordagem kNN é também um exemplo de uma técnica de aprendizagem lenta ou preguiçosa (*lazy learning*), ou seja, uma técnica que aguarda até que exista um exemplo de teste para analisar os exemplos de treino, nunca chegando a construir um modelo na verdadeira aceção do termo. Esta abordagem tem normalmente custos computacionais mais elevados aquando da classificação, ou seja, enquanto nas abordagens mais comuns o maior esforço computacional é investido durante a fase de treino, tornando a fase de teste (classificação dos exemplos de teste) muito rápida, os algoritmos preguiçosos têm o comportamento oposto. A fase de treino é praticamente não existente, sendo todo o processamento deferido para a fase de teste.

Apesar da simplicidade inerente ao algoritmo kNN, o seu desempenho é bastante razoável em muitas situações, como veremos nos exemplos de aplicações mais adiante neste capítulo. É um exemplo de aplicação óbvio do princípio da simplicidade (*Ockham's razor*) abordado no Capítulo 1.

A Figura 4.1 apresenta um exemplo simples da aplicação do algoritmo kNN. Neste caso, o exemplo de teste a classificar está representado com um círculo preto e existem 3 classes possíveis: retângulos, círculos e triângulos, com 5 exemplos de treino cada uma. Considerando, sem perda de generalidade, $k = 5$ e a distância Euclidiana como medida de proximidade ou vizinhança, estão representadas na figura as distâncias Euclidianas aos 5 exemplos de treino mais próximos. Usando apenas uma votação simples (*majority voting*), neste caso, o exemplo de teste seria classificado como um círculo. Fica aqui clara a facilidade de interpretação deste tipo de algoritmos, ou seja, torna-se trivial a justificação da escolha de determinada classe para um exemplo, enquadrando-se assim no conjunto dos algoritmos "caixa branca", já mencionado no capítulo anterior.

Ao longo deste capítulo vamos abordar vários elementos chave do algoritmo kNN, nomeadamente:

- A utilização ou não de todos os elementos do conjunto de treino na avaliação. Por vezes quando os conjuntos de treino são de grande dimensão pode tornar-se impraticável aplicar o algoritmo a todos os exemplos, pelo que, nessas situações, se podem usar amostras representativas do problema em causa.

- Valor do parâmetro k, isto é, o número de vizinhos mais próximos que vamos considerar na avaliação. Trata-se porventura do parâmetro mais influente do algoritmo.

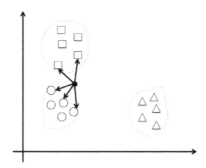

Figura 4.1: Exemplo simples de aplicação do kNN

- A métrica de distância ou vizinhança a usar para calcular a proximidade dos exemplos.

- O método utilizado para determinar a classe do exemplo de teste com base em classes e as distâncias dos k vizinhos mais próximos.

4.2 Algoritmo kNN

Apresentamos de seguida a formalização do algoritmo kNN. Como se pode verificar, trata-se de um algoritmo fácil de implementar e de interpretar. Existem, no entanto, questões que vamos abordar nesta secção, nomeadamente a definição do número de vizinhos (ponto 2 do algoritmo), a medida de distância entre exemplos (ponto 1.1 do algoritmo) e a forma de determinar a classe mais representada (ponto 3 do algoritmo).

Algoritmo 2 Algoritmo kNN

Input: exemplos de treino (T), exemplo de teste (y)
1. Para cada exemplo de treino $(x\ T)$
    1.1 Calcular a distância entre x e y
2. Selecionar os k exemplos de T mais próximos de y
3. Atribuir a y a classe mais representada nos k exemplos
Output: Classificação do exemplo de teste

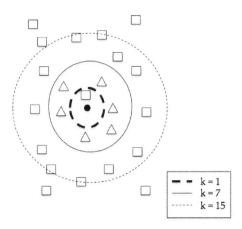

Figura 4.2: Efeito do valor de k no kNN

4.2.1   Definição do Número de Vizinhos

A Figura 4.2 ilustra a variação da classificação de um exemplo de teste (representado por um círculo preto) com a dimensão da vizinhança, definida pelo número de exemplos (k).

Para determinar a classe do exemplo de teste, isto é, se pertence aos quadrados ou aos triângulos, temos sucessivamente, $k = 1$, $k = 7$ e $k = 15$ e, neste caso, a escolha acertada é óbvia.

Infelizmente nem sempre é fácil determinar o melhor valor para o parâmetro k, tendo-se por vezes de afinar o seu valor. Se k for muito pequeno, então o resultado pode ser sensível aos pontos de ruído. Por outro lado, se k for muito grande, então a vizinhança pode incluir muitos pontos de outras classes. Uma estimativa do melhor valor para k pode ser obtida usando pela validação cruzada (*cross-validation*).

Vale a pena ainda referir que há um *trade-off* entre a escolha de valores altos ou baixos para k. Ou seja existem vantagens e desvantagens no uso de valores elevados de k. Pelo lado positivo, o uso de valores elevados de k:

- Permite regiões mais suaves de decisão;

- Pode fornecer informações probabilísticas sobre a ambiguidade da decisão, uma vez que é possível calcular a proporção de exemplos para cada classe.

Pelo lado negativo, para valores elevados de k:

- A localização da estimativa está comprometida uma vez que são considerados mais exemplos;

- A carga computacional aumenta.

4.2.2 Medidas de Distância

A escolha da medida de distância é outra consideração importante. As medidas mais usadas são a distância Euclidiana e a distância de Manhattan.

A distância Euclidiana é a mais comum e é normalmente definida como a distância mais curta. Já a distância de Manhattan é assim denominada pois faz lembrar as trajetórias dos quarteirões em Nova Iorque, em que se tem de dar a volta sempre com ângulos retos.

A Tabela 4.1 apresenta um exemplo das duas medidas, considerando dois pontos x e y, assinalados com círculos branco e preto, com $n = 2$ atributos cada um e apresentando a fórmula de cálculo das distâncias, a representação visual e, para o exemplo apresentado, a aplicação de cada fórmula, para mais fácil apreciação dos resultados que se podem obter com cada uma das medidas.

Apesar de estas serem as medidas mais comuns, outras métricas genéricas podem ser aplicadas, podendo mesmo ser definidas novas, considerando o tipo específico de problema que pretendamos resolver.

4.2.3 Determinação da Classe

Vamos agora abordar a questão de combinar as classificações de cada um dos k vizinhos. O método mais simples, avançado no início deste capítulo é fazer uma votação simples por maioria (*majority voting*). No entanto, caso os vizinhos escolhidos estejam a distâncias muito variáveis e, apesar de os mais próximos serem mais precisos na indicação da classe, o seu valor será o mesmo dos mais distantes (um exemplo típico é o da Figura 4.2 com $k = 15$).

Uma abordagem mais requintada, que normalmente é muito menos sensível à escolha de k, é considerar que o peso de cada voto dos vizinhos é de alguma forma proporcional à sua distância. Existem várias escolhas possíveis, por exemplo, o fator de peso pode ser tomado como sendo o recíproco da distância ao quadrado: $\frac{1}{d(x,y)^2}$.

Tabela 4.1: Comparação das distâncias Euclidiana e de Manhattan

Distância Euclidiana	Distância de Manhattan
$d(x,y) = \sqrt{\sum_{j=1}^{n}(x_j - y_j)^2}$	$d(x,y) = \sum_{j=1}^{n}|x_j - y_j|$
$d = \sqrt{(1-0)^2 + (0-1)^2} = \sqrt{2}$	$d = d_1 + d_2 = |1-0| + |0-1| = 2$

Algoritmos preguiçosos

A desvantagem mais importante do algoritmo kNN é a sua ineficiência no tempo de classificação: enquanto, por exemplo, com uma rede neuronal apenas alguns produtos e somas têm de ser levados a cabo para classificar um exemplo de teste, o kNN requer o treino de todo o conjunto aquando da classificação nos casos de teste, o que é muito mais caro tanto em termos computacionais, como em tempo de resposta. Trata-se de uma desvantagem dos métodos de aprendizagem preguiçosos, uma vez que não têm uma fase de construção do modelo (treino) e, dessa forma, adiam todo o trabalho de computação para a altura da classificação dos exemplos de teste.

4.3   Aplicações

Vamos apresentar dois exemplos de aplicação do algoritmo kNN em alguns problemas. Abordaremos o problema da classificação das flores Iris com 3 classes apresentado no capítulo anterior, bem como o problema das fotografias das flores que acompanha este livro.

4.3.1 Iris

Desta feita, vamos abordar este problema usando uma ferramenta tão usual como uma folha de cálculo, demonstrando desta forma a simplicidade do kNN. Este problema tem 150 exemplos equitativamente divididos por 3 classes, como já foi referido anteriormente. Assumindo uma estratégia simplificadora vamos considerar:

- Uma divisão treino/teste de 80/20, equitativamente distribuídos pelas classes, ou seja, 120 exemplos de treino (40 de cada classe) e 30 exemplos de teste (10 de cada classe).

- Número de vizinhos será definido como o mínimo possível ou seja será igual a 1 ($k = 1$).

- A distância Euclidiana, a mais simples e intuitiva, bem como a mais usada, como medida de vizinhança.

Desta forma, para aplicar o algoritmo kNN temos, 3 passos:

1. Calcular as distâncias dos 30 exemplos de teste a cada um dos 120 exemplos de treino (resulta numa matriz de 30 por 120).

2. Encontrar para cada um dos exemplos de teste qual o exemplo de treino com menor distância (o vizinho mais próximo).

3. Atribuir a classe desse exemplo ao exemplo de treino.

Na Figura 4.3 apresentamos uma imagem da folha de cálculo disponibilizada com o nome "BOOK_KNN_IRIS ". À esquerda na vertical temos os 120 exemplos de treino (só estão visíveis os primeiros 12) e no topo na horizontal temos os 30 exemplos de teste. A matriz densa de números à direita em baixo apresenta o cálculo das distâncias Euclidianas entre cada par de exemplos. Nas linhas abaixo dos exemplos de teste encontram-se os cálculos do kNN para cada exemplo de teste, ou seja, para cada exemplo temos:

- MIN, que representa o mínimo das distâncias, ou seja a que distância está o exemplo mais perto.

- INDEX, que indica qual dos exemplos de treino (1 a 120) é que está mais perto (ou seja está à distância MIN).

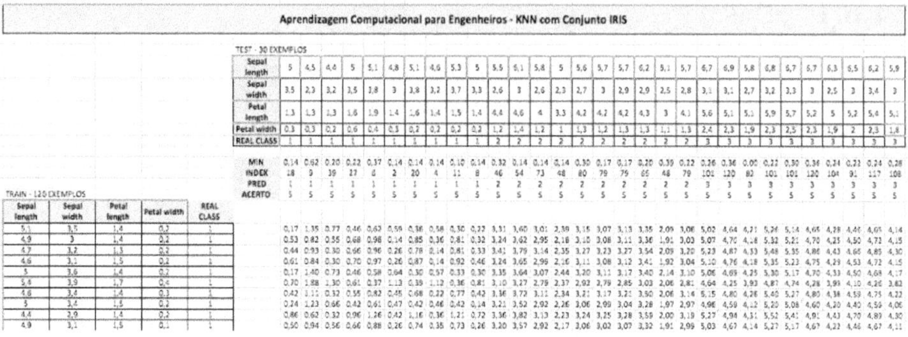

Figura 4.3: Folha de cálculo para algoritmo kNN

- PRED, que é a classe que o kNN indica para o exemplo de teste (a classe do INDEX).

- ACERTO, se a classe predita (PRED) é igual à classe real do exemplo de teste.

Verifica-se, neste caso, com estas assunções simplificadoras, que o kNN acerta em todos os exemplos de teste.

4.3.2 Flores

Vamos usar o conjunto das flores já processado com o PCA, disponível no formato Weka no ficheiro "BOOK_flores_50_BW_Malmequeres_PCA.arff". Depois de abrir o ficheiro no separador preprocess do Explorer do Weka, vamos escolher o algoritmo kNN (IBk) no separador Classify, de acordo com a Figura 4.4.

De seguida, vamos analisar os parâmetros disponíveis para o algoritmo, como podemos ver na Figura 4.5. O primeiro e mais importante é o número de vizinhos a considerar (k), que pode ser definido ou determinado usando validação cruzada. Mantendo todos os valores por omissão e correndo o algoritmo o resultado é o apresentado na Figura 4.6. Temos alguns exemplos mal classificados (10 falsos negativos e 7 falsos positivos).

Vamos então tentar melhorar estes resultados alterando (afinando) alguns dos parâmetros do kNN. Como temos poucos exemplos, vamos limitar

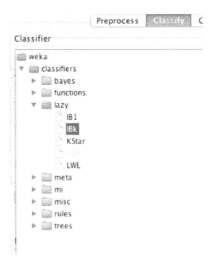

Figura 4.4: Escolha do algoritmo kNN

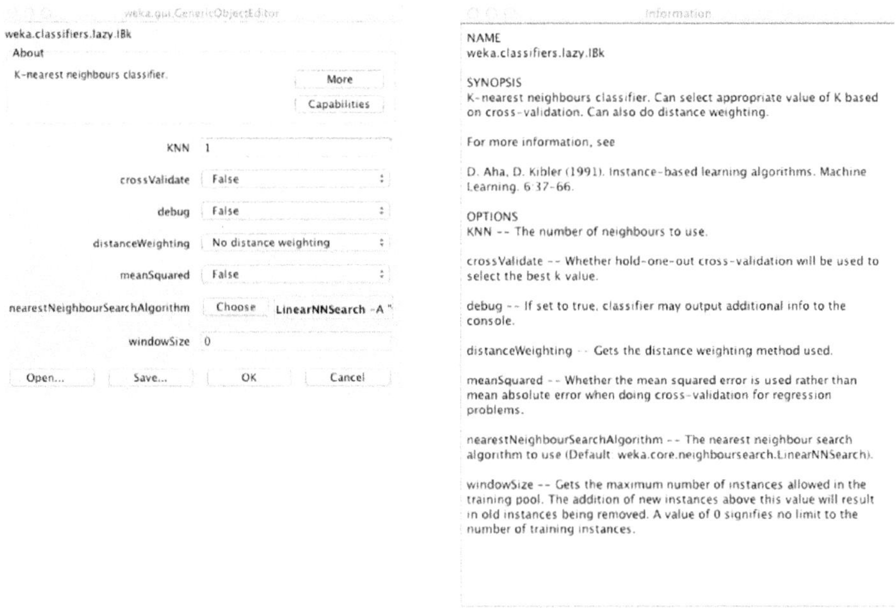

Figura 4.5: Parâmetros do algortimo kNN

Figura 4.6: Resultados do kNN para as flores com parâmetros por omissão

o número de exemplos, de cada vez, no conjunto de treino a 30 e vamos também definir validação cruzada para encontrar o k. Com estas duas alterações conseguimos os resultados da Figura 4.7, reduzindo o número de falsos negativos de 10 para 6.

4.4   Desafios para o Leitor Interessado

1. Pode o algoritmo k-Nearest Neighbors ser considerado um algoritmo de caixa branca? Justifique.

2. Apresente graficamente um exemplo a duas dimensões de classificação binária em que um k demasiado grande prejudique a classificação de um exemplo de teste.

3. Considere o conjunto de dados abaixo, com 10 exemplos com apenas um atributo (uma dimensão) e duas classes. Represente graficamente o problema e determine (usando uma folha de cálculo, por exemplo) a

Figura 4.7: Resultados do kNN para as flores com parâmetros afinados

classe do exemplo com o valor do atributo igual a 6, usando o algoritmo kNN com 1, 3 e 4 vizinhos.

Atributo	1,0	2,0	3,0	4,75	5,0	5,75	6,5	6,75	7,5	8,0
Classe	A	A	A	B	B	B	A	A	A	A

Tabela 4.2: Solução do desafio 3

k	Classe
1	B
3	A
4	B

4. Teste o kNN com vários conjuntos de dados no Weka (por exemplo, Labor, Weather, Diabetes). Tente afinar o algoritmo. Compare os resultados com outros algoritmos já descritos anteriormente, por exemplo as árvores de decisão.

5. Numa das formas mais usuais do algortimo kNN, o valor de k é um número ímpar. Dê uma justificação para esta escolha.

4.5 Resolução de Alguns Desafios

3. A Tabela 4.2 apresenta a solução final do problema.

Capítulo 5

k-Means Clustering

Neste capítulo descrevemos o algoritmo *k-means clustering*, que tem como objetivo dividir um conjunto de exemplos em k grupos distintos (*cluster*), em que cada exemplo pertence ao *cluster* com a média (*mean*) mais próxima do próprio exemplo. O algoritmo *k-means clustering* é um dos algoritmos de *clustering* mais utilizados em aprendizagem computacional por ser simples e poder vir a servir como passo de pré-processamento para a aplicação de outros algoritmos.

5.1 Introdução

O algoritmo *k-means clustering* é um método que particiona de uma forma iterativa um conjunto de dados num número pré-definido de grupos (*clusters*), k. Dado um conjunto de exemplos, o objetivo deste agrupamento ou segmentação é dividir esses exemplos em grupos ou *"clusters"*, de forma a que os exemplos dentro de cada grupo tendam a ser mais semelhantes dentro do grupo do que quando comparados com exemplos de grupos diferentes. Para tal, os algoritmos de agrupamento colocam exemplos semelhantes dentro do mesmo *cluster* enquanto que exemplos diferentes (ou menos semelhantes) são colocados em clusters diferentes.

Note-se que, em contraste com as técnicas de aprendizagem supervisionadas, que temos vindo a abordar neste livro, como a regressão ou a classificação em que há a noção de uma classe alvo e da etiqueta da classe, nos algoritmos de *clustering* os exemplos de treino não estão associados com a classe, cabendo ao algoritmo o seu agrupamento e a definição implícita das classes

117

através da definição dos grupos.

Desta forma, o agrupamento ou *clustering* encontra-se incluído no conjunto dos algoritmos de aprendizagem não supervisionada, que o próximo capítulo abordará mais profundamente. Não havendo necessidade de conjuntos de dados etiquetados, os algoritmos não supervisionados são mais adequados para aplicações em que os dados etiquetados são mais difíceis ou onerosos de obter. Na prática, os algoritmos de *clustering* são muitas vezes usados para explorar e caracterizar um conjunto de dados antes de se aplicar um algoritmo supervisionado.

O funcionamento básico do *k-means clustering* passa então pela escolha de k exemplos do conjunto de treino que servem como centros dos grupos ou clusters.

Tomando-se o exemplo da Figura 5.1(a), com 12 exemplos de treino e assumindo $k = 3$, temos, por hipótese e sem perda de generalidade, os pontos b, k e f como centros dos 3 *clusters* (centróides).

Cada um dos exemplos é colocado no *cluster* de acordo com a maior proximidade ao centróide. Assumindo a distância Euclidiana, facilmente se encontram os *clusters* da Figura 5.1(b), ou seja, neste exemplo muito simples teremos 3 *clusters* ($k = 3$) com 4 exemplos cada um.

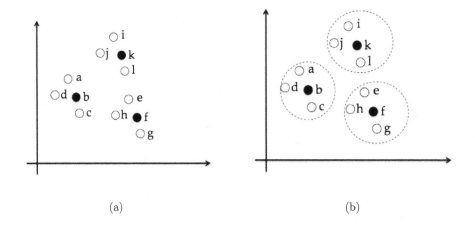

(a)   (b)

Figura 5.1: Exemplo simples de aplicação do *k-means clustering*

Temos assim dois pontos fundamentais no funcionamento do *k-means clustering*: a definição dos k centróides e a definição de uma medida de similaridade (ou vizinhança se preferirem), de alguma forma em linha com as medidas já discutidas no capítulo anterior relativo ao k-Nearest Neighbors (kNN).

Na realidade, existem diferentes tipos de algoritmos de *clustering*, que naturalmente são mais adequados para uns conjuntos de dados do que para outros, dependendo do propósito para que são usados. O melhor algoritmo depende assim do tipo de aplicação a que se destina. É prática comum experimentarem-se vários algoritmos para determinar qual o que mais se adequa a um determinado problema.

5.2 Algoritmo *k-means clustering*

Apresentamos de seguida o algoritmo *k-means clustering* (Algoritmo 3), primeiro através de um conjunto de 5 passos e, depois, a respetiva formulação. Como se pode verificar, trata-se de um algoritmo iterativo, representado pelo ciclo implícito do passo 5 para o passo 2, cuja interpretação e implementação são acessíveis como demonstraremos ao longo deste capítulo.

Algoritmo 3 Algoritmo *k-means clustering*

Input: Conjunto de Dados D, número de clusters k

1. Inicializar os centros representativos dos *clusters* C: Escolher aleatoriamente k pontos de D usar estes k pontos como valores iniciais dos C clusters representativos

2. Repeat

    2.1 $x_i \in$ centróide mais próximo (c_j)

    2.2 classe (x_i) ← classe (c_j)

    2.3 $\forall_j c_j$ ← média dos pontos no *cluster* j

Until Convergência da função objetivo (ver Secção5.2.1)

Output: Conjunto C de centros representativos dos clusters, vetor de pertença de cada exemplo ao seu *cluster* (m)

Existem, no entanto, parâmetros e modos de funcionamento que têm de ser definidos e que vamos abordar ao longo desta secção, nomeadamente (i) definição do número de centróides; (ii) a escolha e posterior afinação dos centróides representantes de cada cluster; e (iii) a medida de vizinhança a ser usada para comparar os vários exemplos com os centróides de cada cluster.

O processo genérico do algoritmo *k-means clustering* parte de um conjunto de dados D e de um número de clusters pré-definidos e consiste em:

1. Atribuir aleatoriamente ao centróide de cada *cluster* k um dos exemplos do conjunto D;

2. Calcular a distância entre cada um dos exemplos e cada centróide (construir matriz de distâncias);

3. Atribuir cada um dos exemplos ao *cluster* cujo centróide se encontra mais próximo;

4. Calcular novos centróides de cada *cluster*: de acordo com os exemplos que ficaram em cada *cluster*, encontrar o novo centróide;

5. Caso os centróides sejam diferentes (tenham mudado como resultado da formação de novos *clusters*) voltar ao ponto 2.

Teorema *No Free Lunch*

O teorema no free lunch é muito conhecido em aprendizagem computacional, traduzindo-se em português como "não há almoços grátis". Afirma que todos os algoritmos de aprendizagem têm o mesmo desempenho quando se consideram todos os problemas e todos os dados possíveis.

Levado à letra poderia ser interpretado como não sendo relevante definir ou estudar algoritmos de aprendizagem para resolver problemas, mas na realidade as suas consequências são exatamente opostas, ou seja, pode concluir-se que nenhum algoritmo genérico pode ser melhor do que um algoritmo especificamente desenhado ou configurado para a resolução de um problema.

Resumindo, todos os algoritmos terão a mesma média de desempenho quando considerados todos os problemas possíveis, mas para problemas específicos podemos (e devemos) procurar e encontrar o algoritmo, e as suas configurações, que melhor se adequem ao problema e dados em causa.

Depois deste processo, teremos então definidos os k *clusters* que nos permitirão realizar a classificação dos exemplos. Vamos tentar formalizar um pouco o algoritmo apresentado. O algoritmo *k-means clustering* aplica-se a exemplos que são representados por pontos num espaço vetorial de dimensão d. Assim, agrupa um conjunto de dados D de N vetores x_i de dimensão d:

$$D = \{x_i | i = 1, \dots, N\}, x_i \in \mathbb{R}^d, \tag{5.1}$$

onde $\mathbb{R}$ é o conjunto dos reais.

O algoritmo *k-means clustering* agrupa todos os pontos tal que cada ponto pertence (ou é atribuído) a uma e só a uma das k partições. Na Figura 5.2 apresentamos uma possibilidade de atribuição de classes.

Os pontos da mesma classe estão no mesmo *cluster* enquanto pontos de classes diferentes estão em *clusters* distintos. Por exemplo os pontos a e b são da classe 1 e estão no mesmo *cluster*, enquanto h e k são de classes diferentes e estão em *clusters* diferentes. Podemos definir um vetor m de comprimento N, ou seja o número de pontos do conjunto D em que cada elemento do vetor identifica a classe do ponto respetivo. Ou seja, m_i denota a classe de x_i, o que no caso da Figura 5.2 resultaria no seguinte vetor $m = [111122223333]^T$.

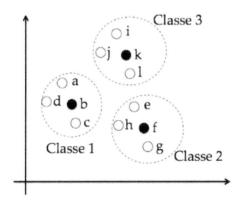

Figura 5.2: Atribuição de classes aos clusters

Neste exemplo simples, até agora, vimos a execução dos passos 1, 2 e 3 do algoritmo. No passo 4 vamos ter de calcular novos centróides de acordo com os exemplos que ficaram em cada *cluster*. Uma forma simples de o fazer é calcular as médias das coordenadas de cada exemplo, num dado *cluster*, que serão então as coordenadas do novo centróide desse *cluster*. Paramos as iterações quando houver convergência, correspondendo ao passo 5.

Analisando este algoritmo, verificamos que particiona D iterativamente, alternando entre dois passos:

1. Atribuição de dados: atualizar os pontos do conjunto de dados à classe do *cluster*;

2. Realocação das médias: atualizar os pontos representativos dos *clusters* (os centróides) pelo cálculo das médias dos novos exemplos agora atribuídos ao *cluster*.

Este segundo passo dá o nome ao algoritmo. Os centróides são as médias dos elementos do *cluster*. São os seus elementos mais representativos, sendo também designados por média do *cluster*. Daí, advém o nome do algoritmo, k-means ou k-médias.

5.2.1   Medidas de Similaridade

Em algoritmos de *clustering*, os pontos são agrupados por uma certa noção de "proximidade" ou "similaridade". No algoritmo *k-means clustering*, a medida por defeito de "proximidade" é a distância Euclidiana. Em particular, podemos facilmente mostrar que o *k-means clustering* minimiza a seguinte função objetivo não negativa:

$$\text{Custo} = \sum_{i=1}^{N}(arg\ min_j\|x_i - c_j\|^2), \qquad j = 1, \dots, C \qquad (5.2)$$

em que C é o número de *clusters*.

Por outras palavras, o algoritmo de *k-means clustering* tenta minimizar a distância Euclidiana quadrática total entre cada ponto x_i e o seu *cluster* mais próximo, representado pelo centróide . Esta fórmula do custo é muitas vezes referida como função objetivo do *k-means clustering*.

5.2.2   Determinação do Valor de k

O valor de k é um parâmetro livre do algoritmo *k-means clustering*. Tipicamente, o valor de k é escolhido com base no conhecimento a-priori do problema. No entanto, escolher o valor ótimo de k pode ser difícil logo à partida. Caso se tenha algum conhecimento do conjunto de dados, como por exemplo o número de partições em que se encontram divididos os dados, então podemos escolher facilmente k. Caso contrário, temos de usar outros critérios para a escolha de k, resolvendo assim o problema da seleção de modelos. Uma solução por tentativas é escolher k de forma a que minimize a função objetivo apresentada na secção anterior. Infelizmente a função objetivo não é informativa como se esperaria neste caso. Por exemplo, o custo da solução ótima decresce à medida que k aumenta até que atinge zero quando o número de clusters é igual ao número de pontos distintos. Isto torna mais difícil usar a função objetivo, quer para comparar soluções com distintos *clusters* quer para encontrar o valor ótimo de k.

Assim, caso o valor de k seja conhecido de antemão, corre-se o algoritmo *k-means clustering* com diferentes valores. Uma heurística frequente é selecionar os k centros iniciais de forma que estejam mais distantes entre si, o que funciona muitas vezes bem na prática. Veja-se a Figura 5.1 onde é precisamente isso que acontece. Note-se que a seleção de b, f e k como centros iniciais resulta na partição adequada do conjunto de dados.

Significado da convergência do *k-means clustering*

Uma propriedade importante do algoritmo de *k-means clustering* é que implicitamente minimiza a soma dos desvios quadráticos dos padrões de um *cluster* em relação ao seu centro. Para determinado *cluster* com centro c_j o critério de minimização é:

$$\sum_{i=1}^{N}(arg\ min_j ||x_i - c_j||^2) \tag{5.3}$$

Este critério é muitas vezes denominado de soma dos erros quadráticos.

5.2.3 Afinação dos Centróides

No algoritmo *k-means clustering*, cada um dos k *clusters* é representado por um ponto único em $c_i \in \mathbb{R}^d$. Denotemos este conjunto de clusters representativos por $C = \{c_i | i = 1, \ldots, k\}$, também designados por centróides (centros dos k *clusters*). Depois da atribuição de dados, em que cada ponto é à partida atribuído ao seu centróide mais próximo, temos a realocação de médias. Neste processo, como foi referido, cada *cluster* é realocado ao seu novo centro (i.e. média aritmética de todos os pontos), o qual passa a ser

representativo do *cluster*. A ideia por detrás deste passo é baseada na ob-
servação de que, dado um conjunto de pontos, aquele ponto que for mais
representativo do conjunto (no sentido de minimizar a soma das distâncias
Euclidianas quadráticas entre cada ponto e o seu representante) é sem dúvida
a média desses pontos. Esta é a razão pela qual o ponto que representa o
cluster é também designado por média do *cluster* ou centróide e, como referimos anteriormente, constitui a origem do nome do algoritmo, k-means ou
k-médias.

O algoritmo converge quando a atribuição dos pontos ao *cluster* (e portanto os valores de c_j) já não se alterar. Pode mostrar-se que a função
objetivo do k-means decresce sempre que haja uma variação na realocação e
a convergência fica garantida numa sequência finita de iterações.

5.2.4   Limitações

A natureza gradiente descendente do *k-means clustering* com uma função de
custo não-convexa implica que a convergência será para um ótimo local e, na
verdade, o algoritmo depende em grande medida da localização inicial dos
centróides. Por outras palavras, iniciar o conjunto de *clusters* representativos
C de forma diferente pode levar a *clusters* muito diferentes, embora no mesmo
conjunto de dados D. Uma má inicialização leva naturalmente a *clusters* não
representativos do conjunto de dados, o que claramente não nos interessa.

Veremos a exemplificação deste aspeto na secção das aplicações quando
aplicarmos o *k-means clustering* a dados sintéticos e reais. O problema do
mínimo local pode ser obviado correndo o algoritmo muitas vezes com diferentes valores dos centróides e selecionando de seguida o melhor resultado,
ou efetuando uma pesquisa local perto da solução.

5.3   Tópicos Avançados

O algoritmo convencional *k-means clustering* usa, por assim dizer, uma estratégia *winner-takes-all* (isto é, atribui um padrão de dados somente ao
cluster vencedor) e gera uma partição rígida. Uma das razões principais
para gerar uma solução não ótima é precisamente o valor inicial dos centros.
Daí que a sua seleção assuma a maior relevância, tendo havido muitos es-
tudos que se têm concentrado neste aspeto. Algumas das soluções que se
encontram na literatura para este problema são:

- *Split-and-Merge* Nesta abordagem os clusters gerados pelo k-means podem ser particionados ou agrupados noutros. Se a variância da amostra for maior do que um determinado limiar T_v então o *cluster* é dividido em dois *clusters* escolhendo-se o par de padrões com uma maior dessemelhança para seus centros iniciais. De forma análoga, se a distância entre os centros de dois *clusters* for menor do que um dado limiar então são agrupados num único (Esta estratégia de particionar e agrupar (*Split-and-Merge*) é usada na técnica iterativa e auto-organizativa de análise de dados (ISODATA)).

- Estratégia Adaptativa de Aprendizagem Competitiva. Pode usar-se, por exemplo, a estratégia *winner-take-most* em vez de *winner-take-all*. Basicamente, consiste em fazer com que um padrão influencie, não só o seu centro mais próximo, mas também outros centros vizinhos. Pode ser implementada através de várias abordagens.

- *Fuzzy Clustering*. Cada padrão pode ser atribuído a um (ou mais) *clusters* sendo o procedimento baseado num valor de pertença. O seu valor (de pertença) no *cluster* é calculado com base no centróide do *cluster* em causa.

- *Rough Clustering*. Assume-se que cada *cluster* tem uma dada sobreposição com outro (ou outros) e tem uma outra parte não sobreposta. Considera-se que os padrões, na parte do *cluster* que não é comum a mais nenhum outro, pertencem apenas a esse *cluster*. Os padrões na área sobreposta podem pertencer a dois (ou mais) *clusters*.

- *Clustering* baseado em Redes Neuronais. Usa-se o princípio da aprendizagem competitiva adaptativa para a obtenção das partições.

- Técnica de Pesquisa Estocástica. Assegura-se de forma probabilística que os *clusters* convergem para uma solução ótima global. As abordagens mais divulgadas neste campo são:

  - *Simulated Annealing*. A solução é atualizada de forma aleatória sendo aceite com uma certa probabilidade. Se a solução resultante for melhor do que a solução atual, é aceite; caso contrário, é aceite com probabilidade entre 0 e 1.

- *Tabu Search.* Neste esquema são armazenadas várias soluções sendo a solução atual perturbada de várias maneiras, de forma a se encontrar a configuração seguinte.

- Algoritmos Evolucionários. A abordagem evolucionária procura uma solução ótima global para o *clustering.* As funções de *fitness* dos indivíduos e a pesquisa aleatória baseada na interação entre as soluções com mutação são usadas para gerar a população seguinte.

5.4 Aplicações

A simplicidade do algoritmo *k-means clustering*, a sua eficiência e importância faz com que exista facilidade em encontrar software disponível. Existe uma grande variedade de implementações para diversas plataformas, e.g. WeKa, MATLAB e Mathematica.

Também pode funcionar incluído em folhas de cálculo através da instalação dos componentes apropriados, por exemplo o componente XLMiner.

De qualquer forma o código do algoritmo é direto, pelo que se recomenda ao leitor interessado que faça a sua própria implementação do algoritmo como exercício.

5.4.1 Exemplo Base

Vamos começar os exemplos de aplicação do algoritmo de *k-means clustering* com a ajuda de um conjunto de 7 pontos como se mostra na Figura 5.3.

Os padrões que constituem os exemplos do conjunto de dados são apresentados na Tabela 5.1.

O primeiro passo será então definir os centros iniciais. Consideremos $k = 3$ e vamos considerar que são escolhidos aleatoriamente os pontos A, D e F para centros iniciais. Teremos então 3 clusters: *Cluster* 1 tem o seu centro em $(1, 1)$, o *Cluster* 2 com o centro em $(6, 2)$ e o *Cluster* 3 com o centro em $(6, 6)$. Com esta distribuição, facilmente se atribui cada um dos exemplos (ou padrões) restantes $(B, C, E$ e $G)$ ao centro mais próximo, como se encontra ilustrado na Figura 5.4.

De seguida procede-se à realocação das médias de cada cluster, tendo por base os novos pontos que foram atribuídos a cada cluster. A tabela seguinte apresenta o cálculo dessas novas médias.

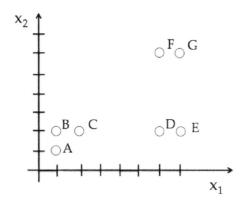

Figura 5.3: Conjunto de dados para o *k-means clustering*

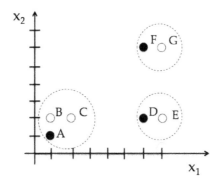

Figura 5.4: Clusters definidos para os centros A, D e F

Tabela 5.1: Conjunto de treino para k-means clustering

Exemplo	x_1	x_2
A	1	1
B	1	2
C	2	2
D	6	2
E	7	2
F	6	6
G	7	6

Tabela 5.2: Realocação dos médias do k-means clustering

Cluster	Exemplos	Média
1	A,B,C	$((1+1+2)/3, (1+2+2)/3) \to (1,33; 1,67)$
2	D, E	$((6+7)/2, (2+2)/2) \to (6,5; 2,0)$
3	F,G	$((6+7)/2, (6+6)/2) \to (6,5; 6,0)$

Na terceira coluna da tabela anterior encontra-se o cálculo (realocação) das médias de cada *cluster*. O próximo passo será a realocação dos pontos ao *cluster* mais próximo, tendo por base estes novos centros. Desta feita, A, B e C são atribuídos ao *Cluster* 1, D e E são atribuídos ao *Cluster* 2 e F e G são atribuídos ao *Cluster* 3. Uma vez que não se verifica alteração nos *clusters* formados, este será o conjunto final de *clusters*.

5.4.2   Iris

Vamos agora usar o problema da descoberta das 3 classes da flor Iris, já usado nos dois últimos capítulos e disponível no Weka. O problema consiste então em classificar um conjunto de exemplos com atributos de flores (comprimentos e larguras das pétalas e das sépalas) numa das três classes possíveis. No Capítulo 3 (Figura 3.15) foram apresentadas imagens das 3 classes destas flores.

Começamos por importar o ficheiro iris.arff no explorer do Weka e passamos imediatamente para o separador Cluster, onde poderemos escolher o algoritmo *k-means clustering*, selecionando SimpleKMeans, como representado na Figura 5.6.

De seguida vamos analisar os parâmetros disponíveis para o algoritmo, como podemos ver na Figura 5.7. O parâmetro mais importante é o número de clusters a considerar (k). Como no algoritmo kNN do capítulo anterior, temos também de definir a forma de calcular a distância, dando o weka a possibilidade da distância Euclidiana ou da distância de Manhattan, medidas já descritas no capítulo anterior.

Complexidade do algoritmo

A complexidade do algoritmo é $O(nkdl)$ em que l é o número de iterações e d a dimensionalidade. Em termos de espaço a complexidade é $O(kd)$. Estas características tornam o algoritmo muito atrativo. Como já referido, é um dos algoritmos mais usados numa variedade alargada de aplicações. Algumas destas aplicações envolvem grandes volumes de dados, por exemplo, imagens por satélite.

A forma mais eficiente de se usar o algoritmo de *k-means clustering* é quando os *clusters* são hiper-esféricos. De facto, o algoritmo não gera a melhor partição caso os *clusters* não sejam esféricos como, por exemplo, os *clusters* concêntricos (Figura 5.5).

Vamos então definir o número de *clusters* como 3, visto que temos a informação de que será essa a realidade. Fazendo start temos então os resultados da Figura 5.8.

Podemos verificar que neste caso o comportamento foi exemplar mas, analisando melhor, devemos verificar que estamos a dar informação demais ao *k-means clustering*, nomeadamente a classe de cada exemplo. Assim, vamos voltar ao separador Preprocess e remover a classe, como se exemplifica na Figura 5.9, ou seja escolher o atributo class e carregando em Remove selected attributes.

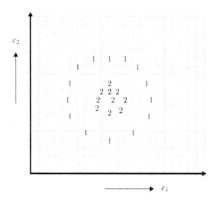

Figura 5.5: Clusters concêntricos

Figura 5.6: Escolha do algoritmo *k-means clustering* no weka

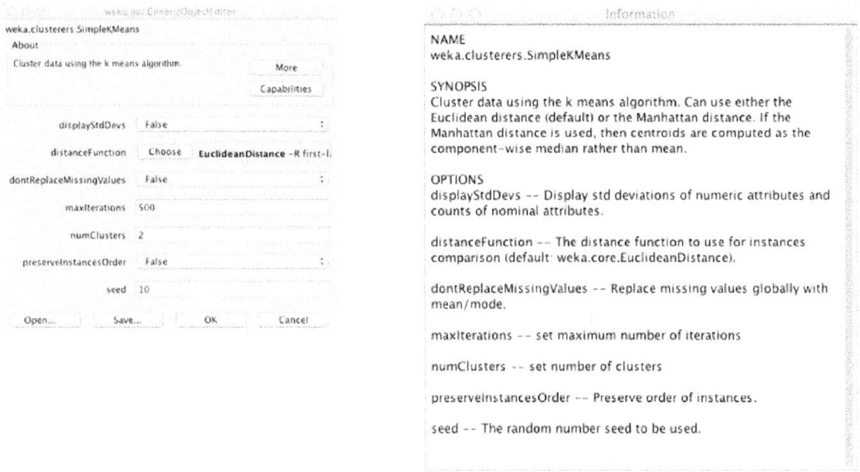

Figura 5.7: Parâmetros do algoritmo *k-means clustering*

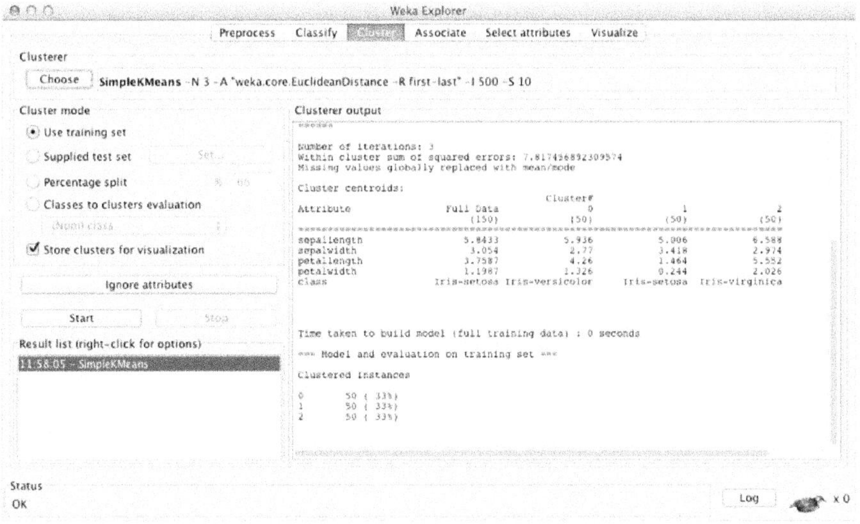

Figura 5.8: Resultados *k-means clustering* iniciais para o conjunto iris

Figura 5.9: Remoção do atributo classe do conjunto iris

Figura 5.10: Resultados sem a predefinição da classe do *k-means clustering* iniciais para o conjunto iris

De seguida voltamos ao separador Cluster e arrancamos de novo (Start), obtendo-se desta vez os resultados da Figura 5.10.

Verificamos desta feita que os resultados não são tão perfeitos, havendo apenas um *cluster* (*Cluster* 1) que encontra os 50 exemplos pretendidos.

Para analisar melhor os resultados, carregamos com o botão direito na segunda linha da lista de resultados assinalada como Result List (no caso da Figura 5.10 carrega-se no segundo modelo com a designação "12:03:07 - SimpleKMeans"), aparecendo o pop-up da Figura 5.11, onde se escolhe "Save model" podendo-se escolher então o nome do ficheiro com formato arff onde serão guardados os resultados.

Figura 5.11: Resultados sem a predefinição da classe do *k-means clustering* iniciais

Para analisar a clusterização levada a cabo existem várias possibilidades:

- Usar código java (não abordado neste livro).

- Abrir o ficheiro arff numa folha de cálculo, usando o separador vírgula para dividir em colunas, obtendo um resultado como o da Figura 5.12.

- Abrir o ficheiro arff no weka e usando o Visualize All, representado na Figura 5.13(a), assumindo que as classes estão ordenadas. Podemos

```
@relation iris_clustered

@attribute Instance_number numeric
@attribute sepallength numeric
@attribute sepalwidth numeric
@attribute petallength numeric
@attribute petalwidth numeric
@attribut cluster1  cluster2}

@data
0      5.1    3.5    1.4    0.2    cluster1
1      4.9    3      1.4    0.2    cluster1
2      4.7    3.2    1.3    0.2    cluster1
3      4.6    3.1    1.5    0.2    cluster1
4      5      3.6    1.4    0.2    cluster1
5      5.4    3.9    1.7    0.4    cluster1
6      4.6    3.4    1.4    0.3    cluster1
7      5      3.4    1.5    0.2    cluster1
8      4.4    2.9    1.4    0.2    cluster1
9      4.9    3.1    1.5    0.1    cluster1
10     5.4    3.7    1.5    0.2    cluster1
```

Figura 5.12: Resultado do *k-means clustering* numa folha de cálculo

comparar esta distribuição com a apresentada na Figura 5.13(b), que representa a distribuição com as classes reais.

5.5   Desafios para o Leitor Interessado

1. Considere o conjunto já apresentado na Figura 5.3. Aplique o algoritmo *k-means clustering* partindo dos pontos *A*, *B* e *C* como pontos iniciais para centros dos *clusters*. Com base no processo resultante comente o impacto da seleção inicial dos centros na partição *k* resultante.

2. Considere novamente os dados da Figura 5.3. Se os dados forem processados na seguinte ordem *A*, *B*, *C*, *D*, *E*, *F*, e *G*, e se o limiar do *split-and-merge* for $T_d = 3$, qual será agora a distribuição por *clusters*?

3. Usando ainda os exemplos da Figura 5.3, use o algoritmo *k-means clustering* para $k = 3$ e para $k = 4$.

4. Considere o seguinte conjunto de dados de pontos tridimensionais: $(1, 1, 1), (1, 2, 1), (1, 1, 2), (6, 6, 1), (6, 7, 1), (7, 6, 1)$. Determine a partição

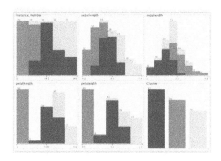
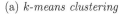
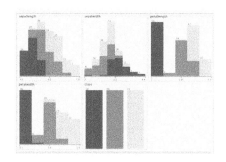

(a) *k-means clustering*   (b) Conjunto classificado inicial (*ground truth*)

Figura 5.13: Análise do resultado do *k-means clustering* no weka

em dois *clusters* obtida pelo algoritmo *k-means clustering* com $k = 2$. Qual o valor do critério soma dos erros quadráticos?

5. Considere o seguinte conjunto de pontos bidimensionais:
(1, 1, 1), (1, 2, 1), (2, 1, 1), (2, 1.5, 1), (3, 2, 1), (4, 1.5, 2), (4, 2, 2), (5, 1.5, 2), (4.5, 2, 2), (4, 4, 3), (4.5, 4, 3), (4.5, 5, 3), (4, 5, 3), (5, 5, 3) em que cada padrão é representado pelo atributo 1, pelo atributo 2, e pela classe. Determine o centróide de cada classe.

6. Considere os dados do exemplo da Figura 5.1 e a discussão da estratégia *split-and-merge* com base nos limiares T_ν e T_d. Determine os possíveis valores de T_ν e T_d de forma a obter os *clusters* da Figura 5.1 partindo da partição ilustrada na Figura 5.2.

7. Dê um exemplo em que o centróide de um *cluster* possa não ser o seu ponto mais representativo.

5.6 Resolução de Alguns Desafios

1. Considerando os centros iniciais como A, B e C, a primeira distribuição de *clusters* será a da Figura 5.14(a).

Tabela 5.3: Iterações do *k-means clustering* partindo dos pontos A,B,C

Iteração	Cluster	Pontos	Média
1	A	A	(1;1)
	B	B	(1;2)
	C	C,D,E,F,G	(5,6;3,6)
2	(1;1)	A	(1;1)
	(1;2)	B,C	(1,5;2)
	(5,6;3,6)	D,E,F,G	(6,5;4)
3	(1;1)	A	
	(1,5;2)	B,C	
	(6,5;4)	D,E,F,G	

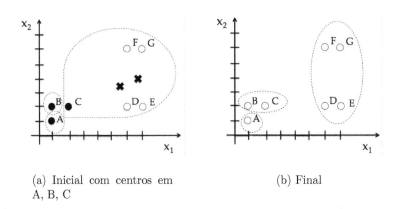

(a) Inicial com centros em
A, B, C

(b) Final

Figura 5.14: Distribuição de *clusters*

Depois desta distribuição inicial de *clusters*, vamos aplicar o algoritmo
k-means-clustering, obtendo os resultados apresentados na Tabela 5.3.
Na Figura 5.14(a) encontram-se assinalados com cruzes os centros dos
clusters no fim da primeira e da segunda iterações.

Desta forma, atingimos a convergência na terceira iteração, visto que não houve alteração dos *clusters*.

A Figura 5.14(b) mostra a distribuição final de *clusters*, apresentando um resultado final completamente diferente do atingido na Secção 5.4.1 deste capítulo, em que parece haver menor variância em dois dos *clusters* e maior no terceiro. Assim, podemos concluir que a escolha inicial dos *clusters* assume um papel muito relevante no resultado final atingido.

Capítulo 6

Aprendizagem não Supervisionada

Neste capítulo analisaremos a aprendizagem não supervisionada, ou seja métodos de aprendizagem sem supervisor. Em particular, referiremos as redes de aprendizagem competitiva e as redes de Kohonen. No primeiro tipo, o princípio de competitividade dos neurónios permite o ajustamento dos pesos do neurónio vencedor da camada competitiva. No segundo tipo, são construídos mapas topológicos e são também os neurónios próximos do vencedor que, seguindo uma vizinhança topológica, têm os seus pesos atualizados.

6.1 Introdução

Nos casos em que o treino se faz de forma não supervisionada, a informação relevante para a construção do modelo tem de ser adquirida dentro dos exemplos de treino. Neste caso, as saídas desejadas não estão disponíveis, pelo que se costuma afirmar que não há supervisor, apenas uma regra de adaptação, como se pode observar na Figura 6.1.

Alguns exemplos que espelham este tipo de problemas incluem: *Clustering* (conforme vimos no capítulo anterior), *Learning Vetor Quantisation*, Redução da Dimensionalidade e Extração de Características. As particularidades de cada um são descritas seguidamente de forma muito sumária.

- *Clustering*: Os dados de entrada são agrupados em *clusters*. O processamento efetuado pela rede deverá permitir agrupar os dados se-

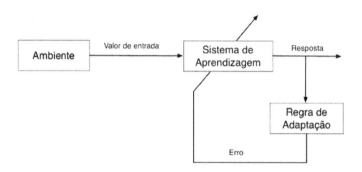

Figura 6.1: Modelo de aprendizagem não supervisionada

gundo critérios previamente definidos. Assim, a saída da rede neuronal deverá ser a classe a que pertence cada *cluster*.

- **_Learning Vetor Quantisation_** (LVQ): Este tipo de abordagem aplica-se quando temos problemas em que as entradas com valores contínuos necessitam de ser discretizadas. A entrada é um vetor n-dimensional e a saída é uma representação discreta do seu espaço de entradas. Pretende-se então a discretização ótima do espaço de entradas.

- **Redução da dimensionalidade**: Em muitos problemas de engenharia a complexidade do espaço de entrada torna impraticável a sua solução. É então necessário recorrer à redução da dimensionalidade. Esta metodologia permite que os dados de entrada sejam então agrupados num sub-espaço que tem menor dimensionalidade do que o dos dados de entrada, podendo ser encontrada uma solução para o problema em causa. Se o modelo encontrado for uma rede neuronal esta deve aprender um mapeamento óptimo, tal que a variância dos dados seja preservada na saída.

- **Extração de características**: A rede neuronal extrai as características do sinal de entrada. A maior parte das vezes este processo implica uma redução da dimensionalidade, tal como no caso anterior.

6.2 Redes de Aprendizagem Competitiva

Vamos agora abordar a aprendizagem competitiva. A Figura 6.2 ilustra uma rede com 3 neurónios de entrada completamente ligados a 4 neurónios de saída. Nas subsecções seguintes vamos descrever o princípio da aprendizagem competitiva e o algoritmo de treino não supervisionado que concretiza este tipo de aprendizagem.

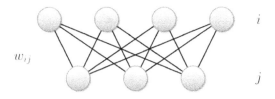

Figura 6.2: Rede Competitiva simples. Cada uma das quatro saídas i está ligada a todas as entradas j

Neste tipo de modelo, o conjunto de vetores de entrada é dividido em *clusters* que são inerentes aos dados de entrada. O princípio fundamental deste modelo é a aprendizagem competitiva, ou seja, ao se apresentar uma entrada à rede, os neurónios competem entre si e o vencedor tem os seus pesos atualizados de forma a responder ao estímulo de entrada. Para melhor clarificarmos alguns aspetos subjacentes a este princípio vejamos como o processo de atualização dos pesos nesta rede permite o agrupamento de dados referido.

6.2.1 *Clustering* de Dados

Basicamente, na iteração inicial os pesos são inicializados aleatoriamente com valores entre 0 e 1. Assumimos que, quer o vetor de entradas, quer o vetor de pesos estão normalizados. Cada unidade de saída calcula a ativação a_i por:

$$a_i = \sum_j w_{ij} x_j = \mathbf{w}_i^T \mathbf{x} \qquad \forall_{i \neq k} : a_i \leq a_k \qquad (6.1)$$

É selecionado o neurónio com a máxima ativação, isto é, a_k, usando-se a métrica do produto escalar, como indicado à esquerda na equação anterior.

Os novos valores da ativação passam a ser $a_k = 1$ e $a_i = 0$, $i \neq k$. Devido a este aspecto competitivo da aprendizagem da rede, a camada de saída designa-se por *"winner-takes-all"*. Nalguns casos os neurónios i têm ligações inibitórias a outros neurónios i' e excitatórias a si próprios:

$$w_{i,i'} = \begin{cases} -\varepsilon & \text{se } i \neq i' \\ +1 & \text{caso contrário} \end{cases} \tag{6.2}$$

Tendo sido selecionada a unidade vencedora k, os pesos são atualizados por:

$$\mathbf{w}_k(t+1) = \frac{\mathbf{w}_k(t) + \gamma(\mathbf{x}_k(t) - \mathbf{w}_k(t))}{||\mathbf{w}_k(t) + \mathbf{x}_k(t) - \mathbf{w}_k(t)||} \tag{6.3}$$

A atualização de pesos através da equação roda efetivamente o vetor $\mathbf{w}_i$ em direção ao vetor $\mathbf{x}$ (Figura 6.3). De cada vez que um vetor $\mathbf{x}$ é apresentado, é selecionado o vetor de pesos mais próximo desta entrada, o qual roda em direção a este vetor de entrada. Consequentemente, os vetores dos pesos rodam em direção às zonas de maior densidade de dados: os *clusters* de dados. A visualização 3D deste processo pode ver-se na Figura 6.4.

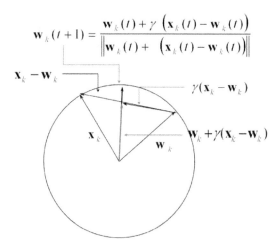

Figura 6.3: Atualização geométrica dos pesos da rede competitiva de acordo com a Equação (6.3)

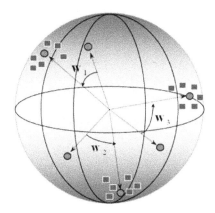

Figura 6.4: *Clustering* 3D: vetor de pesos representado pelos círculos e vetor de padrões representado pelos quadrados

Admitamos inicialmente que $\mathbf{x}$ e $\mathbf{w}$ são vetores normalizados. Vejamos como o algoritmo falha se os vetores não forem normalizados.

Na Figura 6.5 (a) ilustra-se em um exemplo com vetores normalizados, enquanto que na Figura 6.5(b) os vetores têm as mesmas direções mas não são normalizados. Em (a) os vetores $\mathbf{x}$ e $\mathbf{w}_1$ são próximos e o seu produto escalar $\mathbf{x}.\mathbf{w}_1 = |\mathbf{x}||\mathbf{w}_q|\cos\alpha$ é maior do que $\mathbf{x}.\mathbf{w}_2$. Em (b) os vetores de entrada e de pesos não são normalizados devendo neste caso $\mathbf{w}_2$ ser o vencedor quando $\mathbf{x}$ for apresentado à rede. Neste caso verifica-se que a distância Euclidiana entre $\mathbf{x}$ e $\mathbf{w}_1$ é menor que a distância entre $\mathbf{x}$ e $\mathbf{w}_2$.

O neurónio vencedor k é o que tiver o seu vetor de pesos $\mathbf{w}_k$ mais próximo do padrão de entrada $\mathbf{x}$. Para este fim, usa-se a distância Euclidiana:

$$k : ||\mathbf{w}_k - \mathbf{x}|| \leq ||\mathbf{w}_j - \mathbf{x}|| \quad \forall j \tag{6.4}$$

Escolher k tal que $||\mathbf{w}_k - \mathbf{x}||$ seja mínima é o mesmo que escolher k tal que o produto escalar $\mathbf{w}_k^T.\mathbf{x}$ seja máximo. Sabemos que quanto maior for o ângulo α menor será $\cos(\alpha)$ o que significa que o produto escalar será menor. De forma contrária, quanto menor o ângulo α, maior é o $\cos(\alpha)$, maior o produto escalar, mais próximo estará o vetor do padrão $\mathbf{x}$ e menor a distância entre ambos. A atualização dos pesos é feita através da Equação 6.5, em que γ é a velocidade de aprendizagem:

$$\mathbf{w}_k(t+1) = \mathbf{w}_k(t) + \gamma(\mathbf{x}(t) - \mathbf{w}_k(t)) \tag{6.5}$$

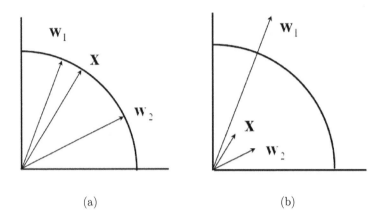

(a)   (b)

Figura 6.5: Influência da normalização de vetores na aprendizagem competitiva

Quer a distância Euclidiana quer a utilização dos vetores normalizados são comuns nos modelos que usam redes neuronais. É interessante verificar que apenas os pesos do neurónio vencedor são atualizados.

Vamos dar um exemplo de aprendizagem competitiva de 66 pontos de dados no plano representadas pelos quadrados azuis, conforme se mostra na Figura 6.7. Havíamos dito atrás que a inicialização dos vetores dos pesos podia ser feita de forma puramente aleatória. Apesar de haver muitas maneiras de efetuar esta inicialização, ainda assim, uma das mais usadas é escolher um conjunto de padrões de entrada x retirados aleatoriamente do conjunto de entrada. A Figura 6.7 ilustra um exemplo deste tipo de aprendizagem em que que se formam 8 agrupamentos (ou *clusters*) partindo de um conjunto de pontos do plano de coordenadas normalizadas.

Neste caso, foi usada uma rede neuronal competitiva, usando a distância Euclidiana para selecionar a unidade vencedora, tendo sido os pesos inicializados a $w_0 = 0$. A rede foi treinada com $\gamma = 0,1$ e $\gamma' = 0,001$, sendo indicadas as posições dos pesos após 500 iterações. Por exemplo, o centróide do *cluster* correspondente aos pontos que se encontram no canto superior esquerdo tem pesos $(0,3;0,9)$ enquanto que o centróide do *cluster* que está associado aos pontos do canto inferior direito tem pesos $(0,8;0,1)$.

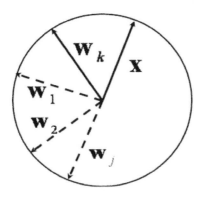

Figura 6.6: Vetores normalizados na aprendizagem competitiva

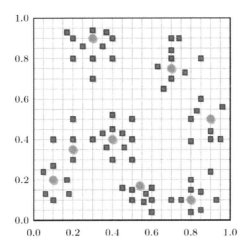

Figura 6.7: Agrupamento de 66 pontos do plano em 8 *clusters*

6.2.2 Função de Custo

Vamos definir a função de custo para um determinado padrão p, E^p, para a aprendizagem competitiva e demonstrar que efetivamente segue a Regra Delta, conforme vimos no Capítulo 2. Um critério usado normalmente para medir a qualidade de um dado *cluster* é o erro quadrático médio:

$$E^p = \sum_p ||\mathbf{w}_k - \mathbf{x}^p||^2 \qquad (6.6)$$

em que k é o neurónio vencedor quando for apresentado à rede o padrão $\mathbf{x}^p$. Os pesos $\mathbf{w}$ são os centros dos *clusters* k. Podemos calcular o efeito de uma variação de pesos na função de erro por:

$$\Delta_p w_{ij} = -\gamma \frac{\partial E^p}{\partial w_{ij}} \qquad (6.7)$$

em que γ é uma constante de proporcionalidade, também designada por velocidade de aprendizagem como vimos acima. Vamos determinar a derivada parcial de E^p:

$$\frac{\partial E^p}{\partial w_{ij}} = \begin{cases} w_{ij} - x_j^p & \text{se } i \text{ for vencedora} \\ 0 & \text{caso contrário} \end{cases} \qquad \Delta_p w_{ij} = -\gamma(w_{ij} - x_j^p) = \gamma(x_j^p - w_{ij})$$

$$(6.8)$$

que é a equação acima escrita para um elemento do vetor de pesos $\mathbf{w}_i$, isto é, uma ligação $i - j$. Desta forma, a função de custo é minimizada num processo iterativo em que sucessivamente se vão fazendo atualizações dos pesos.

6.3   Redes Auto-Organizativas

As redes neuronais auto-organizativas desenvolvem a sua estrutura através de um processo repetitivo de ajustamento de pesos em resposta a um conjunto de padrões de entrada e seguindo regras pré-estabelecidas. A auto-organização das redes neuronais tem lugar a dois níveis:

- Atividade: Certos padrões de atividade são produzidos em resposta a sinais de entrada;

- Conectividade: Os pesos das diferentes interligações são modificados em resposta aos sinais produzidos pelos padrões de entrada.

Do que foi dito, é fácil perceber que existe um conjunto de princípios subjacentes a esta auto-organização.

Limitações da Aprendizagem Competitiva

Uma limitação das redes de aprendizagem competitiva é que alguns neurónios podem nunca chegar a ser treinados, ou seja, os seus pesos podem nunca chegar a ser atualizados. Por outras palavras, podem existir vetores de pesos muito distantes dos vetores de entrada com os quais as unidades nunca ganham. Nestes casos, a inicialização dos pesos no passo inicial torna-se muito importante.

6.3.1 Mapas Topológicos

O algoritmo idealizado por Teuvo Kohonen, Professor e investigador da Universidade de Helsínquia, é um modelo de um mapa auto-organizável, alimentado para a frente, com um treino não supervisionado. Nesta estrutura, os neurónios estão organizados numa grelha que, formalmente, é unidimensional ou bidimensional. Neste caso, a geometria é livre, podendo ser quadrada, hexagonal, etc.. Teuvo Kohonen tem-se distinguido pelo trabalho realizado nas vertentes: Aprendizagem Adaptativa e Memórias Associativas. Em relação à primeira, notabilizou-se pelo princípio da aprendizagem competitiva já referido na secção anterior.

O paradigma da aprendizagem competitiva resultou dum estudo geral sobre os mapas auto-organizativos motivados por várias observações de índole psicológica. Segundo este estudo, a informação recebida pelos órgãos sensoriais é mapeada topologicamente em áreas bidimensionais do córtex cerebral (Figura 6.8). Evidências biológicas têm mostrado que as células do córtex cerebral dos mamíferos organizam-se de forma altamente estruturada nas suas funções, o que resulta em funções do cérebro altamente especializadas no processamento sensorial de sinais de visão, audição, linguagem, controlo motor etc.. Mais propriamente isto significa que os neurónios se tornam mais sensíveis a uns estímulos de entrada do que a outros. Por outras palavras existe um "processamento" de um determinado sinal que pode ser explicado pela separação dos canais nervosos que ligam os órgãos sensoriais ao cérebro. Em particular, a ordem física dos sinais sensoriais é projetada no córtex cerebral primário em ordem semelhante, resultando num mapeamento que preserva a ordem topológica do sinal recebido, naturalmente com algumas transformações.

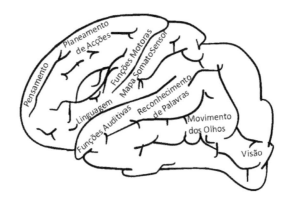

Figura 6.8: Representação das regiões do cortex no cérebro humano

Analisando-se um pouco mais estas regiões especializadas há evidência de uma organização mais abstrata e complexa ainda não totalmente compreendida. As células organizam-se e tornam-se sensíveis aos estímulos de acordo com uma ordem topológica que especifica uma relação de similaridade entre os sinais de entrada. Assim, os neurónios exibem uma ordenação física tal que os estímulos semelhantes no espaço de dados são processados por neurónios fisicamente próximos entre si no córtex cerebral. Tal significa que a atividade é produzida pelos neurónios que estão próximos entre si na zona do córtex cerebral que é estimulada. Assim, por exemplo, os neurónios no córtex auditivo são estimulados pelos sinais sonoros numa ordem topológica que reflete a variação do sinal sonoro.

A formação de mapeamentos topologicamente corretos é atribuída a uma diversidade de mecanismos, entre os quais em particular, a auto-organização. O interesse que este assunto tem vindo a ter por parte da inteligência computacional levou à criação dos mapas topológicos, que demonstraram um sucesso notável em várias aplicações de Engenharia. Passando de novo para o plano computacional, a aprendizagem competitiva de que falámos na secção anterior é uma formalização desta interação lateral de grupos de neurónios vizinhos no cérebro. De certa maneira, reflete o processo de ajustamento topológico entre o neurónio vencedor e os seus vizinhos mais próximos. Assim, as propriedades estatísticas dos vetores de entrada irão estimular alguma localização espacial na rede, precisamente aquela cujos neurónios são estimulados por esse vetor de entrada.

6.3.2 Arquitetura de uma Rede de Kohonen

As redes de Kohonen assumem uma estrutura topológica entre as unidades da camada de saída (*cluster*). Esta propriedade é observada no cérebro, mas não é encontrada em mais nenhuma rede neuronal. De facto, a motivação para a criação deste modelo neuronal, tal como vimos atrás, é que entradas sensoriais diferentes são mapeadas em regiões específicas do córtex cerebral. Este fenómeno é denominado por distribuição de probabilidade codificada por localização. Nestas redes, existem m unidades de *cluster*, arranjadas em arrays mono ou bidimensionais, cujas entradas são n-tuplos. A Figura 6.9 ilustra a arquitetura de uma rede de Kohonen capaz de realizar este mapeamento topológico. É constituída por n unidades de entrada e de m unidades de saída realizando um mapeamento de um espaço $\mathbb{R}^n$ para $\mathbb{R}^m$.

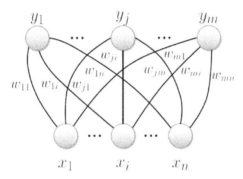

Figura 6.9: Arquitetura da Rede de Kohonen

6.3.3 Vizinhança nas Redes de Kohonen

Numa rede de Kohonen os neurónios de saída estão muitas vezes organizados numa malha bidimensional S embora o tipo de malha seja dependente da aplicação. A sua topologia, usualmente escolhida pelo utilizador, determina os vizinhos mais próximos de um dado neurónio. Quando os padrões de treino são apresentados à rede, os pesos para as unidades de saída são ajustados de forma a que a ordem no espaço de entradas $\mathbb{R}^n$ seja preservada na saída, isto é, em S. Assim, os padrões de entrada que estão próximos uns dos outros (em que 'estar próximo' é determinado pela medida da distância que é usada

para determinar a unidade vencedora) devem ser mapeados em unidades de
saída também próximas. Isto é, pode ser a mesma, ou unidades vizinhas
desta. Este mapeamento que representa uma discretização do espaço de
entradas diz-se que é topológico. Usualmente os padrões de aprendizagem
são exemplos aleatórios de $\mathbb{R}^n$. No instante t, um padrão $\mathbf{x}(t)$ é gerado e
apresentado à rede. A unidade k vencedora é então determinada usando as
fórmulas da secção anterior. Os pesos para esta unidade vencedora, bem
como para as suas vizinhas, são ajustados por:

$$\mathbf{w}_i(t+1) = \mathbf{w}_i(t) + \gamma h(i,k)(\mathbf{x}(t) - \mathbf{w}_i(t)) \quad \forall_{i \in S} \qquad (6.9)$$

Na equação anterior, $h(i,k)$ é uma função decrescente da distância da
malha entre as unidades i e k, tal que $h(k,k) = 1$. Considerando a interação
lateral à volta do neurónio vencedor como uma da função da distância, é
interessante verificar a existência de excitação para os neurónios próximos
e inibição para com os mais afastados. Este comportamento é ilustrado na
Figura 6.10, também conhecida como o chapéu mexicano.

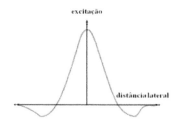

Figura 6.10: Chapéu mexicano: interação lateral dos neurónios com a
distância

A função $h(.)$ pode ser a função Gaussiana, tal que, $h(i,k) = \exp^{\frac{-(i-k)^2}{\sigma^2}}$.
A Figura 6.11 ilustra a evolução desta função para um mapa bidimensional.
Quanto mais próximo o neurónio se encontra da unidade vencedora, maior a
adaptação sofrida nos seus pesos.

6.3.4   Algoritmo de Kohonen

O algoritmo de Kohonen é conhecido como SOM (*Self-Organizing Map*) e
tem sido alvo de estudo desde o ressurgimento das redes neuronais, nos finais

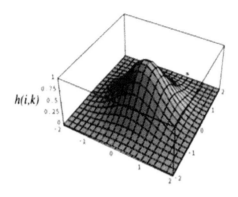

Figura 6.11: Função Gaussiana da distância, $h(i,k)$

de 1980s, pelas suas características de aplicabilidade em muitos problemas de engenharia.

O algoritmo responsável pela organização da rede inicia o processo arbitrando pequenos valores aleatórios aos pesos sinápticos para que nenhuma organização prévia seja imposta ao mapa.

Após a inicialização realizam-se os processos de competição, cooperação e adaptação sináptica, conforme seguidamente se ilustra no Algoritmo 4. Permitem configurações geométricas diferentes dos mapas topológicos, que podem ser aplicadas a diversos problemas.

A Figura 6.12 mostra duas malhas geométricas muito usuais nas redes de Kohonen: a malha quadrada e a malha hexagonal.

6.3.5 Mapas Topológicos

As capacidades auto-organizativas das redes de Kohonen são muitas vezes usadas para gerar mapas topológicos. Neste sentido, a rede permite auto-organizar um mapa bi-dimensional que reflete a distribuição dos padrões de entrada de dimensionalidade elevada.

Por exemplo, a Figura 6.13 ilustra uma rede com uma camada de entrada com 8 neurónios e uma camada competitiva com uma malha bidimensional quadrada de 2×2 neurónios.

Cada neurónio da malha está completamente ligado a cada um dos neurónios de entrada. Cada padrão de entrada apresentado à rede irá gerar um "foco"

Algoritmo 4 Algoritmo de Kohonen

Inicialização aleatória dos pesos w_{ji}
Inicialização dos parâmetros de vizinhança
Inicialização dos parâmetros de aprendizagem
While condição de paragem for falsa
1. Para cada vetor de entrada x
    1.1 Para cada j, calcular: $D(t) \sum_i (w_{ji})(t) - x_i(t))^2$
    1.2 Calcular o índice J tal que $D(J)$ seja mínimo
    1.3 Para todas as unidades j numa vizinhança de J, e para todos os
    $i : w_{ji}(t+1) = w_{ji}(t) + \gamma h(i,j)(x_i - w_{ji}(t))$
2. Atualização da velocidade de aprendizagem γ
3. Redução do raio R da vizinhança topológica h
4. Teste à condição de paragem
End **While**

---

de atividade em alguma região desta malha.

A aprendizagem computacional de um mapa topológico pode ser ilustrada através da Figura 6.14 que representa a evolução do mapa durante o processo iterativo que conduz à sua convergência. Em particular, são apresentados os vetores dos pesos de uma rede com dois neurónios de entrada e uma malha retangular de 8×8 neurónios de saída. Em cada uma das subfiguras, as linhas indicam a conexão entre o peso $w(i_1, i_2), j$ com os pesos $w(i_{1+1}, i_2), j$ e $w(i_1, i_{2+1}), j$. A figura mais à esquerda, relativa à iteração 0 mostra os pesos iniciais e, a mais à direita, relativa à iteração 2000, mostra o mapa completamente formado.

Na Figura 6.15 ilustramos a resposta da rede a dois padrões de entrada, mais precisamente, o padrão (0,23; 0,19) e o padrão (0,58; 0,69) que, ativam, repetivamente, os neurónios assinalados com círculos a vermelho na malha toplógica no canto inferior esquerdo e no canto superior direito:

- Padrão de entrada (0,23; 0,19) elicita a resposta da unidade mais próxima da camada competitiva (círculo no canto inferior esquerdo).

- Padrão de entrada (0,58; 0,69) elicita resposta da unidade mais próxima da camada competitiva (círculo no canto superior direito).

A Figura 6.16 esquematiza um exemplo em que uma rede de Kohonen permite o mapeamento de um espaço de entradas bidimensional num mapa

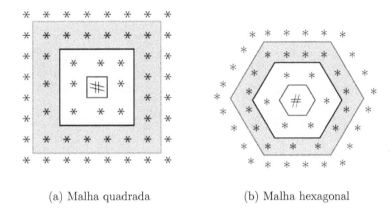

(a) Malha quadrada   (b) Malha hexagonal

Figura 6.12: Diferentes configurações de arranjo para o SOM em $\mathbb{R}^2$ em malhas geométricas

topológico unidimensional. Este tipo de mapas é útil, por exemplo, na resolução do problema do caixeiro-viajante.

6.4 Aplicações das Redes de Kohonen

Existem hoje em dia muitas aplicações de redes de Kohonen. Nesta secção apresentamos alguns exemplos.

6.4.1 Reconhecimento de Formas e Cores - Flores

Vamos agora usar o dataset das Flores, que temos vindo a usar neste livro, mas desta vez para aprendizagem não supervisionada. O conjunto de dados, composto por várias imagens de flores trata de um problema de classificação de flores cujos dados acompanham o material deste livro e podem ser descarregados em `http://bit.ly/FLORES_DATASET`. No ficheiro compactado está um ficheiro FL.mat que contém o conjunto de dados já no formato do Matlab.

Vamos então usar a toolbox de redes neuronais, já usada no Capítulo 2. Para aceder à toolbox usa-se o comando nnstart (ver Figura 2.30).

De seguida na janela inicial da toolbox (ver Figura 2.31) devemos esco-

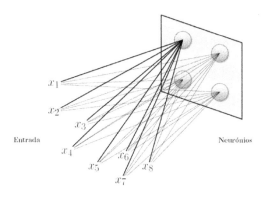

Figura 6.13: Rede de Kohonen

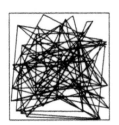  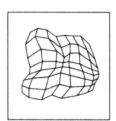 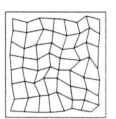

Figura 6.14: Processo iterativo que mostra a convergência de um Mapa Topológico bidimensional desde a inicialização dos pesos, completamente aleatória, até à formação do mapa auto-organizativo

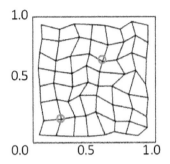

Figura 6.15: Elicitação de neurónios mais próximos na camada competitiva

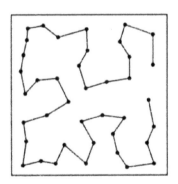

Figura 6.16: Mapa unidimensional

lher Clustering app para aceder aos algoritmos que estamos a tratar neste capítulo. Chegamos então à janela apresentada na Figura 6.17.

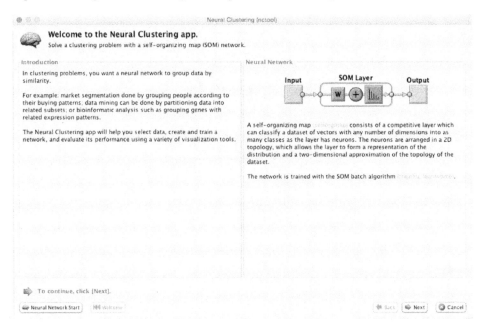

Figura 6.17: Janela Inicial da aplicação de *clustering* do Matlab

Carregando em Next chegamos à janela de definição das entradas (Figura 6.18). Aqui vamos então escolher o ficheiro FL.mat (resultado na Figura 6.19), mas também se encontram disponíveis conjuntos exemplo, através do botão Load Example Data Set.

Carregando novamente em Next chegamos à janela da arquitetura apresentada na Figura 6.20 da rede, que vamos deixar com os valores por omissão, podendo sempre regressar mais tarde para os afinar, caso o resultado da definição das entradas não seja satisfatório.

Carregando novamente em Next chegamos à janela de treino da rede, onde é possível dar início ao treino da rede carregando no botão Train.

Neste caso o processo de treino vai demorar uns minutos, uma vez que temos um conjunto de dados de alguma dimensão. Na Figura 6.22 apresenta-se a janela resultante do treino.

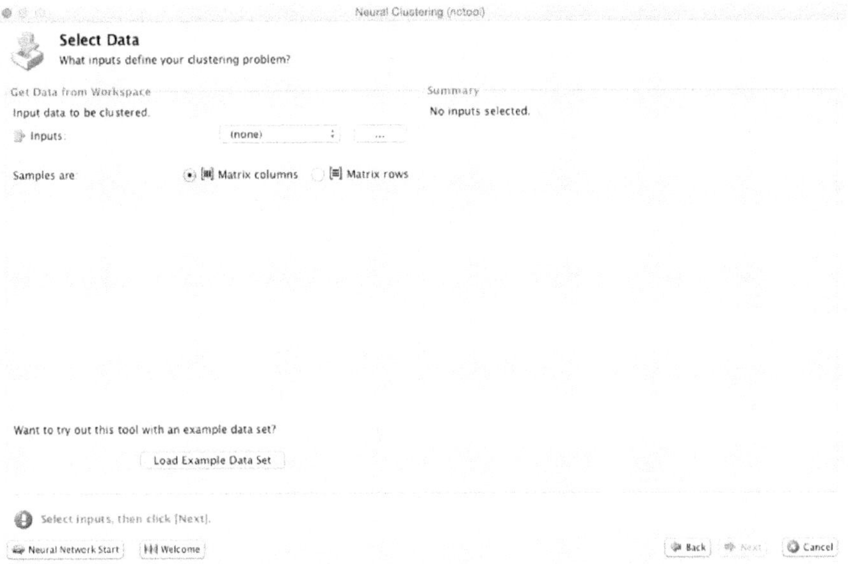

Figura 6.18: Janela de definição das entradas do SOM

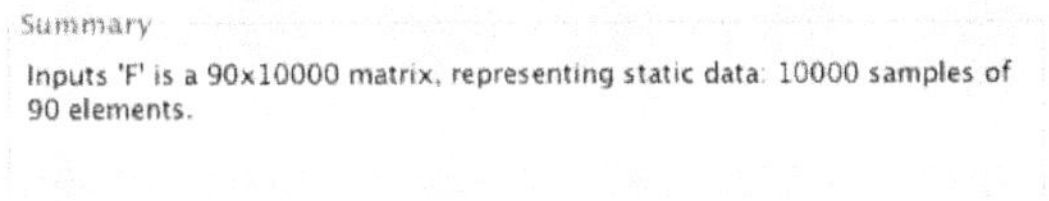

Figura 6.19: Resultado da definição das entradas do SOM

Na Figura 6.24 são apresentados os resultados gráficos disponíveis no Matlab. Na Figura 6.24(a) é apresentado o conjunto de pesos associados a cada neurónio. Esse vetor de pesos move-se para se tornar o centro de um *cluster* de vetores de entrada. Adicionalmente, neurónios adjacentes nesta topologia também são próximos no espaço de entradas, pelo que se torna possível visualizar espaços de elevada dimensionalidade na topologia da rede a duas dimensões.

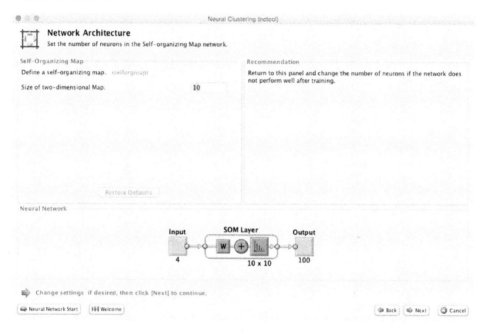

Figura 6.20: Janela de definição da arquitetura do SOM

Voltando à janela de treino da rede, nesta fase ficam disponíveis um conjunto de botões que dão acesso a um conjunto de ferramentas de visualização, como podemos observar na Figura 6.23.

A Figura 6.24(c)apresenta um plano de pesos para cada elemento do vetor de entrada, ou seja, são a visualização dos pesos que ligam cada entrada a cada um dos neurónios em que cores mais escuras representam pesos maiores.

Se os padrões das ligações de duas entradas forem muito semelhantes, então podemos assumir que essas entradas estão fortemente correlacionadas.

Figura 6.21: Janela de início do treino do SOM

6.4.2 Análise de Risco Financeiro

Um exemplo típico de aplicação de aprendizagem computacional é a análise de risco financeiro. Com a evolução da economia mundial, a deteção/previsão de falência tem sido muito estudada. Com as redes de Kohonen podemos também explorar a trajetória do comportamento da falência. Vamos apresentar um exemplo da utilização de um SOM para analisar a situação financeira de empresas em vários anos consecutivos.

A ideia deste cenário é fazer a análise de risco financeiro onde a situação dinâmica de empresas, bem com a sua trajetória ao longo do tempo, podem vir a ser um instrumento de decisão importante. O conjunto de dados é de um conjunto de empresas francesas, em 4 anos consecutivos de 2003 a 2006, sendo o objetivo a previsão do seu risco de falência em 2007.

O resultado da constituição de 12 *clusters* é apresentado na Figura 6.25, também obtido com a toolbox do Matlab, como no exemplo anterior. Neste caso é importante realçar o papel de ferramenta de visualização e da discriminação entre empresas potencialmente em risco ou não.

Observando a Figura 6.25 podemos aperceber-nos que, após algum pós-processamento, podemos apresentar uma ferramenta visual que com toda a certeza poderá servir de uma forma muito mais eficiente de suporte à decisão

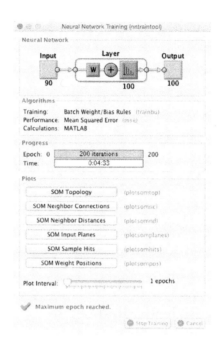

Figura 6.22: Janela de finalização do treino do SOM

Figura 6.23: Janela de acesso ao resultado do treino do SOM

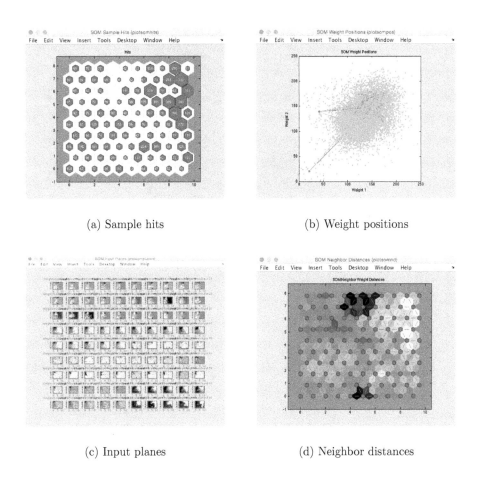

(a) Sample hits

(b) Weight positions

(c) Input planes

(d) Neighbor distances

Figura 6.24: Resultados gráficos - SOM – Flores

no âmbito da análise de risco financeiro.

6.5 Desafios para o Leitor Interessado

1. Salienta-se um conjunto de questões a serem melhor aprofundadas no que diz respeito às redes de Kohonen:

   - Sintonia de parâmetros

Figura 6.25: Mapa obtido por uma Rede de Kohonen sobre a análise de Risco Financeiro de Empresas

- Neurónios que nunca vencem (devem ser podados para aumentar a eficiência)
- Neurónios que vencem sempre
- Dimensão do arranjo estrutural para uma dada aplicação
- Número de neurónios, uma vez definido o arranjo
- Inicialização dos pesos
- Interpretação do mapa resultante (análise discriminante)
- Métodos construtivos e de poda
- Outras aplicações e múltiplos mapeamentos simultâneos
- Comparações com ferramentas similares

2. Descreva o princípio de utilização das redes de Kohonen. Como é feito o processamento de um valor de entrada de teste?

3. O que entende por neurónio vencedor numa rede de Kohonen?

4. Descreva os processos de competição e adaptação numa rede de Kohonen.

5. Desenvolva uma rede de Kohonen ou SOM (*Self-Organizing Map*) para agrupar os quatro vetores seguintes:

$$(1, 1, 0, 0); (0, 0, 0, 1); (1, 0, 0, 0); (0, 0, 1, 1)$$

num número máximo de $m = 2$ *clusters*. A velocidade de aprendizagem γ decresce geometricamente sendo no instante inicial $t = 0$ de $\gamma(0) = 0,6$ e no instante $t + 1$ a aprendizagem de $\gamma(t + 1) = 0,5\,\gamma(t)$.

6.6 Resolução de Alguns Desafios

5. Com 2 *clusters* apenas, a vizinhança do nó J (Passo 4) é inicializada de modo a que apenas um *cluster* atualize os seus pesos em cada passo, i.e., $R = 0$. Apresentamos de seguida os passos para a convergência de um SOM neste exemplo com apenas 4 vetores.

Passo 0. Matriz de pesos iniciais:

$$\begin{bmatrix} 0,2 & 0,8 \\ 0,6 & 0,4 \\ 0,5 & 0,7 \\ 0,9 & 0,3 \end{bmatrix}$$

O raio inicial é $R = 0$ e o coeficiente de aprendizagem $\gamma(0) = 0,6$.

Passo 1. Início do treino

Passo 2. Para o vetor 1 $(1, 1, 0, 0)$, fazer Passos 3 a 5.

Passo 3. $D(1) = (0,2 - 1)^2 + (0,6 - 1)^2 + (0,5 - 0)^2 + (0,9 - 0)^2 = 1,86$
$D(2) = (0,8 - 1)^2 + (0,4 - 1)^2 + (0,7 - 0)^2 + (0,3 - 0)^2 = 0,98$

Passo 4. O vetor de entrada está mais próximo do neurónio 2, logo, $J = 2$.

Passo 5. Os pesos do neurónio vencedor são atualizados por:

$w_{2i}(1) = w_{2i}(0) + 0,6(x_i - w_{2i}) = 0,4w_{2i}(0) + 0,6x_i$

A matriz de pesos é:
$$\begin{bmatrix} 0,2 & 0,92 \\ 0,6 & 0,76 \\ 0,5 & 0,28 \\ 0,9 & 0,12 \end{bmatrix}$$

Passo 2. Para o vetor 2 $(0,0,0,1)$, fazer Passos 3 a 5.

Passo 3. $D(1) = (0,2-1)^2 + (0,6-1)^2 + (0,5-0)^2 + (0,9-1)^2 = 0,66$
$D(2) = (0,92-1)^2 + (0,76-1)^2 + (0,28-0)^2 + (0,12-1)^2 = 0,92$

Passo 4. O vetor de entrada está mais próximo do neurónio 1, logo, $J = 1$.

Passo 5. Os pesos do neurónio vencedor são atualizados por:
$w_{2i}(1) = w_{2i}(0) + 0,6(x_i - w_{2i}) = 0,4w_{2i}(0) + 0,6x_i$
Atualiza a primeira coluna da matriz de pesos:
$$\begin{bmatrix} 0,08 & 0,92 \\ 0,24 & 0,76 \\ 0,20 & 0,28 \\ 0,96 & 0,12 \end{bmatrix}$$

Passo 2. Para o vetor 3 $(1,0,0,0)$, fazer Passos 3 a 5.

Passo 3. $D(1) = (0,08-1)^2 + (0,24-0)^2 + (0,2-0)^2 + (0,96-0)^2 = 1,8656$
$D(2) = (0,92-1)^2 + (0,76-0)^2 + (0,28-0)^2 + (0,12-0)^2 = 0,6768$

Passo 4. O vetor de entrada está mais próximo do neurónio 2, logo, $J = 2$.

Passo 5. Os pesos do neurónio vencedor são atualizados por:
$$w_{2i}(1) = w_{2i}(0) + 0,6(x_i - w_{2i}) = 0,4w_{2i}(0) + 0,6x_i$$

   Atualiza a segunda coluna da matriz de pesos:

$$\begin{bmatrix} 0,08 & 0,968 \\ 0,24 & 0,304 \\ 0,20 & 0,112 \\ 0,96 & 0,048 \end{bmatrix}$$

Passo 2. Para o vetor 4 $(0,0,1,1)$, fazer Passos 3 a 5.

Passo 3. $D(1) = (0,08 - 0)^2 + (0,24 - 0)^2 + (0,2 - 1)^2 + (0,96 - 1)^2 = 0,7056$
$D(2) = (0,968 - 0)^2 + (0,304 - 0)^2 + (0,112 - 1)^2 + (0,048 - 1)^2 = 2,724$

Passo 4. O vetor de entrada está mais próximo do neurónio 1, logo, $J = 1$.

Passo 5. Os pesos do neurónio vencedor são atualizados por:
$$w_{2i}(1) = w_{2i}(0) + 0,6(x_i - w_{2i}) = 0,4w_{2i}(0) + 0,6x_i$$
Atualiza a primeira coluna da matriz de pesos:

$$\begin{bmatrix} 0,032 & 0,968 \\ 0,096 & 0,304 \\ 0,680 & 0,112 \\ 0,984 & 0,048 \end{bmatrix}$$

Passo 6. Redução do coeficiente de aprendizagem: $\gamma = 0,5(0,6) = 0,3$
   As equações de atualização dos pesos são agora:
$$w_{ji}(t + 1) = w_{ji}(t) + 0,3(x_i - w_{ji}(t)) = 0,7w_{ji}(t) + 0,3x_i$$
   A matriz dos pesos após a segunda instância de treino é dada por:

$$\begin{bmatrix} 0,016 & 0,980 \\ 0,047 & 0,360 \\ 0,630 & 0,055 \\ 0,999 & 0,024 \end{bmatrix}$$

Modificando o procedimento de aprendizagem de modo a que o coeficiente de aprendizagem decresça geometricamente de 0,6 para 0,01 em 100 épocas, temos as seguintes matrizes de pesos, de acordo com a iteração:

Iteração 0.
$$\begin{bmatrix} 0,2 & 0,8 \\ 0,6 & 0,4 \\ 0,5 & 0,7 \\ 0,9 & 0,3 \end{bmatrix}$$

Iteração 1.
$$\begin{bmatrix} 0,032 & 0,970 \\ 0,096 & 0,300 \\ 0,680 & 0,110 \\ 0,984 & 0,048 \end{bmatrix}$$

Iteração 10.
$$\begin{bmatrix} 1,5e-7 & 1,000 \\ 4,6e-7 & 0,3700 \\ 0,6300 & 5,4e-7 \\ 1,000 & 2,3e-7 \end{bmatrix}$$

Iteração 100.

$$\begin{bmatrix} 6,5e-17 & 1,000 \\ 2,0e-16 & 0,4900 \\ 0,5100 & 2,3e-16 \\ 1,000 & 1,0e-16 \end{bmatrix}$$

Os pesos das matrizes parecem convergir para a matriz:

$$\begin{bmatrix} 0,0 & 1,0 \\ 0,0 & 0,5 \\ 0,5 & 0,0 \\ 1,0 & 0,0 \end{bmatrix}$$

sendo a primeira coluna constituída pela média das componentes dos vetores colocados no *Cluster* 1 e a segunda coluna constituída pela média dos dois vetores colocados no *Cluster* 2.

A Figura 6.26 ilustra esquematicamente a configuração dos dois *clusters* obtida pelo SOM treinado nos quatro vetores iniciais.

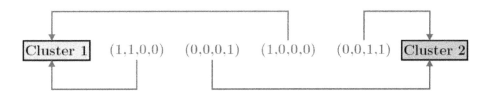

Figura 6.26: Exemplo dos dois *clusters* obtidos pelo SOM treinado nos quatro vetores iniciais

Capítulo 7

Máquinas de Vetores de Suporte

Neste capítulo vamos abordar as máquinas de vetores de suporte (SVM - *Support Vector Machines*). Trata-se de um algoritmo baseado em aprendizagem estatística que se tem revelado recentemente muito poderoso e que apresenta excelentes desempenhos num conjunto alargado de aplicações.

7.1 Introdução

As máquinas de vetores de suporte (SVM – *Support Vector Machines*) foram propostas inicialmente em 1995 por Vladimir Vapnik como um método de classificação binária. Comparativamente com os restantes métodos, as SVM são extremamente recentes, sendo a sua aceitação e disseminação em grande medida justificada pela sua robustez e desempenho muito elevados quando comparados com métodos alternativos. Apesar de terem sido inicialmente mais aplicadas em cenários de classificação (SVC - *Support Vector Classification*), existe também a versão para regressão (SVR – *Support Vector Regression*).

As SVM têm por base o princípio de aprendizagem estatística, mais precisamente o princípio da minimização do erro estrutural, enquanto que normalmente os métodos de aprendizagem se baseiam no princípio da minimização do risco empírico. As SVM pretendem assim minimizar o risco (erro) real do problema e não apenas o risco (erro) que se pode inferir diretamente dos exemplos de treino. Para esse desafio necessitam normalmente de poucos exemplos de treino e são razoavelmente insensíveis ao número de dimensões dos vetores de entrada, o que as torna muito apelativas em inúmeras aplicações.

Explicando o caso da classificação binária (SVC), isto é com duas classes, uma dita positiva e outra dita negativa, o objetivo das SVM é então encontrar um plano ótimo de separação entre as duas classes. Como se pode visualizar na Figura 7.1, existem muitos planos possíveis que podem separar um conjunto de pontos de duas classes, mas existe apenas um que será o ótimo, ou seja, aquele que tem a margem máxima de separação entre as duas classes.

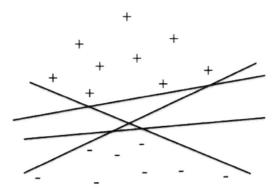

Figura 7.1: Possíveis planos de separação das classes positiva e negativa

Métodos baseados em kernel (*Kernel-based methods*)

As SVM incluem-se num conjunto de métodos que se designam por aprendizagem baseada em *kernels*. Neste tipo de métodos o problema é abordado mapeando os dados para um espaço de características com maior dimensão. Este mapeamento pode não ser linear, sendo a função que permite esse mapeamento ou transformação designada por função de *kernel*, que permite implementar o "truque" de *kernel* (*kernel trick*) que veremos mais à frente neste capítulo.

7.2 Algoritmo Base

Como referido atrás, as SVM procuram o plano ótimo de separação, que oferece uma maior capacidade de generalização, ou seja, uma menor probabilidade de sobre-ajustamento (ou *overfitting*, descrito no Capítulo 2). A capacidade de generalização refere-se ao fato de um classificador não ter apenas um bom desempenho na classificação nos dados de treino, mas também garante uma precisão preditiva elevada para os dados novos com a mesma distribuição que os dados de treino.

Intuitivamente, a margem pode ser definida como a largura de separação entre as duas classes, definida por um hiperplano. Geometricamente, a margem corresponde à menor distância entre os pontos mais próximos dos dados de qualquer ponto sobre o hiperplano.

A Figura 7.2 ilustra uma construção geométrica do correspondente hiperplano óptimo para um espaço de entrada de duas dimensões. Neste caso temos um plano ótimo que garante a máxima separação (ρ) à custa de 4 exemplos de treino (2 positivos e 2 negativos), normalmente designados como vetores de suporte. Note-se que a margem, por definição, é ortogonal ao hiperplano ótimo de separação.

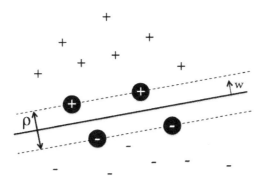

Figura 7.2: Hiperplano ótimo de separação das classes positiva e negativa

Uma classificação linear consiste na realidade em determinar uma função $f : X \subseteq \mathbb{R}^N \to \mathbb{R}^{\{-1,1\}}$, que atribui uma classificação positiva de $+1$ se $f(\mathbf{x}) \geq 0$ e negativa de -1, caso contrário. Considerando uma função linear, podemos representá-la por:

$$f(x) = \langle \mathbf{w}.\mathbf{x} \rangle + b$$
$$= \sum_{i=1}^{n} w_i \mathbf{x}_i + b \tag{7.1}$$

em que $\mathbf{w}$ e $b \in \mathbb{R}^N$, são respetivamente o vetor de pesos e o *bias* (ou enviesamento, já conhecido do Capítulo 2), sendo estes valores que definem o hiperplano ótimo e, em última instância, a classificação de cada exemplo. O vetor de pesos define uma direção perpendicular ao hiperplano, como mostra a Figura 7.2. Com a variação do *bias* o hiperplano é movido paralelamente a ele próprio.

7.3   SVM de Margem Rígida

Assumindo que os dados são linearmente separáveis pode usar-se uma SVM de margem rígida para aprender a classificação. O hiperplano ótimo é definido como:

$$\langle \mathbf{w}.\mathbf{x} \rangle + b = 0 \tag{7.2}$$

sendo $\mathbf{w}$ e b, o vetor de pesos e o *bias* respetivamente, como já referido. Considerando as restrições:

$$\langle \mathbf{w}.\mathbf{x}_i \rangle + b \geq +1, \text{ para } y_i = +1$$
$$\langle \mathbf{w}.\mathbf{x}_i \rangle + b \leq -1, \text{ para } y_i = -1 \tag{7.3}$$

ou a restrição combinada:

$$y_i(\langle \mathbf{w}.\mathbf{x}_i \rangle) \geq 1, i = \{1, 2, \ldots, n\} \tag{7.4}$$

em que n é o número de exemplos para construir o classificador.

os classificadores lineares que separam um conjunto de treino possuem margem positiva. Ou seja, esta restrição afirma que não há nenhum exemplo de treino entre $\langle \mathbf{w}.\mathbf{x}_i \rangle + b = 0$ e $\langle \mathbf{w}.\mathbf{x}_i \rangle + b = \pm 1$, sendo a margem sempre maior do que a distância entre os hiperplanos $\langle \mathbf{w}.\mathbf{x}_i \rangle + b = 0$ e $|\langle \mathbf{w}.\mathbf{x}_i \rangle + b| = 1$. Dadas estas restrições, as SVM obtidas são normalmente designadas por SVM de margem rígida.

Seja $d_+(d_-)$ a distância Euclidiana entre os vetores de suporte positivos (negativos) e o hiperplano de separação. Definimos como margem ρ de um hiperplano de separação a maior margem geométrica entre todos os hiperplanos, a qual podemos representar por $\rho = d_+ + d_-$. Considerando $d_i(\mathbf{w}, b; x_i)$ como a distância de um dado ponto x_i ao hiperplano $(\mathbf{w}, b)$, esta pode ser calculada da seguinte forma:

$$d_i(\mathbf{w}, b; x_i) = \frac{|\langle \mathbf{w}.\mathbf{x}_i \rangle + b|}{||\mathbf{w}||} = \frac{y_i(\langle \mathbf{w}.\mathbf{x}_i \rangle + b)}{||\mathbf{w}||} \tag{7.5}$$

Combinando esta distância com a restrição acima, podemos concluir que $d_i(\mathbf{w}, b; x_i) \geq 1/||\mathbf{w}||$, ou seja, $1/||\mathbf{w}||$ será o limite inferior para a distância entre os vetores de suporte e o hiperplano de separação. Desta forma, temos $d_+ = d_- = 1/||\mathbf{w}||$ e a margem será dada por $\rho = d_+ + d_- = 2/||\mathbf{w}||$.

Assim, o objetivo das SVM, é a maximização da margem de separação (ρ) (Problema primal). Podemos dizer que o problema será equivalente a minimizar $||\mathbf{w}||$ (Problema dual), formulando-se o problema de otimização como um problema de programação quadrática da seguinte forma:

$$\begin{aligned} &\text{Minimizar } ||\mathbf{w}|| \\ &\text{Sujeito a } y_i(\langle \mathbf{w}.\mathbf{x}_i \rangle) + b \geq 1, \quad i = \{1, 2, \ldots, n\} \end{aligned} \tag{7.6}$$

Este tipo de problemas tem soluções matemáticas que passam pela aplicação de multiplicadores de Lagrange, cuja descrição não vamos apresentar neste livro.

O resultado deste problema de otimização consiste essencialmente na definição dos vetores de suporte (usados para calcular o vetor de pesos) e do bias, que permitem definir a qual classe um exemplo de teste ($\mathbf{z}$) pertence, usando o sinal da função:

$$f(\mathbf{z}) = (\langle \mathbf{w}^*.\mathbf{z} \rangle + b^*) \tag{7.7}$$

que dá a classificação apenas pelo cálculo do produto interno entre o novo padrão ($\mathbf{z}$) e todos os vetores de suporte (os valores $\mathbf{w}$ assinalados com * referem-se ao resultado do processo de aprendizagem/otimização).

7.4 SVM de Margem Suave

Por vezes (na maioria dos casos) os problemas não são linearmente separáveis. Nestes casos a SVM de margem rígida não apresentará uma solução. Para resolver este problema existem as SVM de margem suave. Neste caso assume-se a possibilidade de haver exemplos que ficam "do lado errado" do hiperplano de separação, tentando-se evidentemente minimizar a probabilidade da sua existência.

Assim, para acomodar a existência destes erros vamos alterar o nosso problema de minimização quadrática:

$$\text{Minimizar } \frac{1}{2}||\mathbf{w}||^2 + C\sum_{i=1}^{n}\xi_i$$
$$\text{Sujeito a } (y_i(\langle\mathbf{w}.\mathbf{x}_i\rangle) + b) \geq 1 - \xi_i, \quad \xi_i \geq 0, \quad i = \{1, 2, \ldots, n\} \tag{7.8}$$

onde o parâmetro C controla o equilíbrio entre a complexidade da SVM e o número de exemplos mal classificados ("erros") que serão permitidos, podendo ser visto como um parâmetro de regularização que tem de ser definido pelo utilizador. A variável ξ_i, designada em inglês como *slack variable*, tem uma explicação geométrica que pode ser útil à sua compreensão. Cada variável representa a distância do exemplo mal classificado ao hiperplano. Este problema de otimização é novamente resolvido com o recurso a multiplicadores de Lagrange, de uma forma análoga às SVM de margem rígida.

Regularização

A regularização é um termo que pode ser usado de uma forma genérica em vários cenários de aprendizagem computacional. Está relacionada com a necessidade no processo de aprendizagem de minimizar o erro e ao mesmo tempo evitar o overfitting, ou seja garantir a generalização. Assim, o que temos de minimizar em cada modelo de aprendizagem deve ter sempre duas parcelas cujo equilíbrio tem de ser procurado.

Uma parcela que promova a capacidade de generalização e, outra, que permita atingir o objetivo diminuindo o erro. Enquanto que a primeira parcela é imediata de perceber e definir, a segunda pode ser mais desafiante. A solução passa muitas vezes por limitar a complexidade do modelo, aplicando o princípio de Ockham's razor, por exemplo, limitando o número ou valor dos parâmetros do modelo.

7.5   Truque Kernel (*kernel trick*)

Até este momento só discutimos SVM para classificação linear, mas em muitos problemas reais este tipo de classificadores revela-se insuficiente, uma vez que tais problemas têm muitas vezes estruturas inerentemente não lineares.

Uma propriedade distintiva das SVM é que podem facilmente ser transformadas em mecanismos de aprendizagem não linear. Neste caso, os exemplos de entrada são mapeados para um espaço diferente (normalmente de maior dimensionalidade), designado por espaço de características, onde podem ser separados linearmente.

Na Figura 7.3 é apresentado um exemplo em que a um conjunto de treino inicialmente não linearmente separável, representado na Figura 7.3(a), é aplicada a transformação, resultando na representação no espaço de características da Figura 7.3(b), onde, como se pode comprovar, o conjunto é linearmente separável.

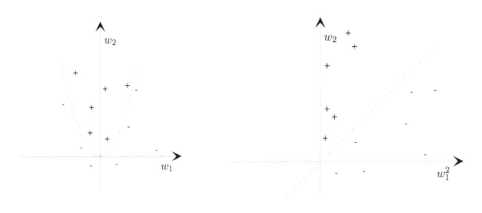

(a) Conjunto de treino não linearmente separável

(b) Conjunto de treino linearmente separável após aplicação de kernel

Figura 7.3: Exemplos de conjuntos de treino

De uma maneira geral o cálculo deste mapeamento entre espaços não é eficiente, mas as SVM têm uma propriedade especial que contorna este problema. Tanto durante o treino como durante o teste é suficiente calcular os produtos internos no espaço de características. Para certos mapeamentos, isto é, certas funções, estes produtos internos podem ser calculados de uma forma muito eficiente usando funções kernel. Quando estas funções satisfazem o Teorema de Mercer, isto é quando são kernels contínuos e simétricos de operadores inteiros positivos, é possível calcular o produto interno de dois vetores depois de serem mapeados no espaço de características. Considerando dois exemplos $\mathbf{x}_1$ e $\mathbf{x}_2$, podemos então garantir:

$$\Phi(\mathbf{x}_1).\Phi(\mathbf{x}_2) = K(\mathbf{x}_1, \mathbf{x}_2) \tag{7.9}$$

Dependendo da escolha do kernel, as SVM podem aprender classificadores polinomiais, de funções RBF, ou mesmo redes neuronais sigmoides, como se encontra apresentado nas equações seguintes.

$$K_{poli}(\mathbf{x}_1, \mathbf{x}_2) = (\mathbf{x}_1.\mathbf{x}_2 + 1)^d$$
$$K_{RBF}(\mathbf{x}_1, \mathbf{x}_2) = \exp(-\gamma(\mathbf{x}_1 - \mathbf{x}_2)^2) \tag{7.10}$$
$$K_{sigmoid}(\mathbf{x}_1, \mathbf{x}_2) = \tanh(s(\mathbf{x}_1.\mathbf{x}_2) + c)$$

Repare-se que o kernel $K_{poli}(\mathbf{x}_1, \mathbf{x}_2) = (\mathbf{x}_1.\mathbf{x}_2 + 1)^2$ corresponde à utilização de um kernel polinomial, cujo mapeamento se encontra representado na Figura 7.3.

Para usar uma função kernel numa SVM de margem rígida ou de margem suave, basta substituir todas as ocorrências de produtos internos com a função kernel desejada.

7.6   Aplicação a Regressão

As SVM podem também ser aplicadas ao caso de regressão, mantendo as características que definem o algoritmo apresentado para a classificação. Ou seja, podem ser aplicadas em situações de aprendizagem em que o objetivo não é determinar a classe de determinado exemplo, mas sim o valor de uma variável. Um exemplo típico, já referido no Capítulo 1, é a previsão do valor da temperatura.

O modelo produzido pelas SVM para classificação depende apenas de um subconjunto do conjunto de treino, visto que a função de custo para construir o modelo apenas usa os pontos de treino que se encontram dentro da margem. De uma forma análoga, o modelo produzido para a regressão depende também de um subconjunto dos dados de treino, visto que a função de custo para a construção do modelo ignora os dados que estão perto (definido com um limite ξ) da predição do modelo, como representado na Figura 7.4.

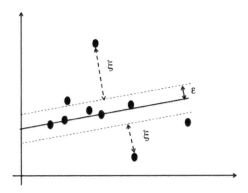

Figura 7.4: Exemplo de regressão com SVM

7.7 Aplicações

Existem vários pacotes de software que implementam as SVM de forma eficiente.

Entre eles destacam-se http://svmlight.joachims.org/: o SVMLight de Thorsten Joachims e http://www.csie.ntu.edu.tw/ cjlin/libsvm/: o LibSVM de Chih-Chung Chang e Chih-Jen Lin. Além destes, o Weka também implementa as SVM, nomeadamente providenciando um interface para o LibSVM e uma implementação SMO (Sequential Minimal Optimization) inicialmente avançada por John Platt.

7.7.1 Classificação de Texto: Reuters-21578

A classificação de texto é uma aplicação em que as SVM são muito usadas. Tratam-se normalmente de problemas esparsos com elevada dimensionalidade, mas muitas vezes linearmente separáveis. Vamos agora apresentar um exemplo muito usado: a aplicação de SVM com a package SVMLight ao conjunto de dados Reuters-21578.

O conjunto de dados Reuters-21578 pode ser descarregado a partir de: http://www.daviddlewis.com/resources/testcollections/reuters21578.

Foi construído por David D. Lewis e Peter Shoemaker da Universidade de Chicago em 1991 e 1992. Trata-se de um conjunto de notícias da agência noticiosa Reuters de 1987, classificados e agrupados por funcionários da agência.

Cada notícia tem cerca de 200 palavras e existem mais de 100 categorias em que cada documento (notícia) pode ser classificado. Destas 100, as 10 mais frequentes são as mais usadas para testes de algoritmos, usando normalmente uma abordagem *one-against-all* (ver Capítulo 1). O conjunto tem definidos à partida conjuntos de treino e de teste. A tabela seguinte apresenta um resumo dos exemplos que cada uma dessas 10 classes mais frequentes apresenta como positivos em cada um dos conjuntos (treino e teste). No total existem cerca de 9000 exemplos de treino e cerca de 2700 exemplos de teste.

Tabela 7.1: Classes e número de exemplos do conjunto reuters-21578

Classe	Treino	Teste
Earn	2715	1044
Acquisitions	1547	680
Money-fx	486	161
Grain	395	138
Crude	358	176
Trade	346	113
Interest	313	121
Ship	186	89
Wheat	194	66
Corn	164	52

A package SVMLight está especialmente preparada para lidar com problemas de classificação de texto, dada a representação usada. Uma linha dos conjuntos de treino/teste, que corresponde a um texto, tem o seguinte formato:

-1 122:0.01 123:0.01 195:0.01 223:0.01 292:0.01 436:0.01 437:0.01 554:0.01

em que o -1 inicial indica que o documento é um exemplo negativo (seria +1 caso fosse positivo) e cada par separado por dois pontos representa o número do atributo e o valor do atributo.

No caso da classificação de texto cada atributo representa normalmente uma palavra e o seu valor está ligado à importância da palavra no documento. Como se pode ver neste exemplo, na package SVMLight apenas se representam as características (palavras) que estão presentes no documento, o que é uma vantagem muito importante em termos de representação, tendo em consideração a esparsidade das representações em classificação de texto.

Por exemplo um texto pode ter apenas 100 palavras relevantes, mas a representação ter 1000 características, ou seja haveria 900 características representadas com zero (0) e 100 com algum valor relevante. Com esta representação condensada só as características com valores diferentes de zero são incluídas.

É interessante fazer a ligação entre esta representação e o algoritmo da SVM, que também apenas considera alguns dos exemplos de treino como relevantes para a sua aprendizagem.

A package SVMLight é então usada através de dois executáveis (também existe o código fonte em C para quem preferir compilar para o seu sistema):

- svm_learn.exe

- svm_classify.exe

O primeiro permite criar o modelo SVM e o segundo permite testá-lo. Vamos então usar como exemplo o caso da classe grain. Temos então dois ficheiros, um de treino e outro de teste: trainset_grain e testset_grain. Para testar coloque na mesma pasta tanto os executáveis como os conjuntos de treino e teste.

De seguida abra uma janela de linha de comandos para criar e testar o modelo. A Figura 7.5 mostra a ajuda do comando svm_learn.

Como se pode analisar o comando recebe um conjunto de opções, seguido do nome do ficheiro com os dados de treino e do ficheiro onde deve escrever o modelo. Assim podemos invocá-lo com parâmetros por omissão de acordo com o apresentado na Figura 7.6.

A Figura 7.7 mostra a ajuda do comando svm_classify. Como se pode verificar, este comando recebe obrigatoriamente 3 ficheiros como parâmetros: o ficheiro com os exemplos a testar, o ficheiro com o modelo a usar (criado pelo svm_learn) e o ficheiro onde deve colocar as predições, isto é os outputs encontrados para os exemplos de teste. A Figura 7.8 apresenta a invocação do comando svm_classify para o nosso exemplo.

Analisando a Figura 7.8, verificamos que, apesar de a informação da predição ter sido escrita no ficheiro "pred_grain", é fornecida muita informação

```
C:\SUM>svm_learn

Not enough input parameters!

(more)

SVM-light V6.02: Support Vector Machine, learning module      14.08.08

Copyright: Thorsten Joachims, thorsten@joachims.org

This software is available for non-commercial use only. It must not
be modified and distributed without prior permission of the author.
The author is not responsible for implications from the use of this
software.

   usage: svm_learn [options] example_file model_file

Arguments:
         example_file-> file with training data
         model_file  -> file to store learned decision rule in
General options:
     -?          -> this help
     -v [0..3]   -> verbosity level (default 1)
Learning options:
     -z (c,r,p)  -> select between classification (c), regression (r),
                    and preference ranking (p) (default classification)
     -c float    -> C: trade-off between training error
                    and margin (default [avg. x*x]^-1)
     -w [0..]    -> epsilon width of tube for regression
                    (default 0.1)
     -j float    -> Cost: cost-factor, by which training errors on
                    positive examples outweight errors on negative
                    examples (default 1) (see [4])
     -b [0,1]    -> use biased hyperplane (i.e. x*w+b>0) instead
                    of unbiased hyperplane (i.e. x*w>0) (default 1)
     -i [0,1]    -> remove inconsistent training examples
                    and retrain (default 0)
Performance estimation options:
     -x [0,1]    -> compute leave-one-out estimates (default 0)
                    (see [5])
     -o ]0..2]   -> value of rho for XiAlpha-estimator and for pruning
                    leave-one-out computation (default 1.0) (see [2])
```

Figura 7.5: Ajuda do comando svm_learn

através da linha de comandos. Temos então os valores das medidas de desempenho mais usadas, nomeadamente 98,54% de Acurácia (erro de 1,46%), 97,96% de Precisão e 71,64% de Recall. Com estes valores podemos ter uma excelente perspectiva dos problemas comuns em classificação de texto:

1. A acurácia (ou o erro) apresenta valores pouco representativos da realidade de classificação

2. Os valores de Recall são normalmente mais desafiantes, principalmente quando há poucos exemplos positivos (o que acontece frequentemente, por exemplo no caso da classe grain temos apenas 138 exemplos positivos em cerca de 2700 exemplos de teste)

7.7.2   Diabetes

Vamos agora apresentar um exemplo diferente usando o Weka. Trata-se do conjunto de dados de classificação de India Pima Diabetes disponível nos

```
C:\SVM>svm_learn trainset_grain model_grain
Scanning examples...done
Reading examples into memory...100..200..300..400..500..600..700..800..900..1000
..1100..1200..1300..1400..1500..1600..1700..1800..1900..2000..2100..2200..2300..
2400..2500..2600..2700..2800..2900..3000..3100..3200..3300..3400..3500..3600..37
00..3800..3900..4000..4100..4200..4300..4400..4500..4600..4700..4800..4900..5000
..5100..5200..5300..5400..5500..5600..5700..5800..5900..6000..6100..6200..6300..
6400..6500..6600..6700..6800..6900..7000..OK. (7060 examples read)
Setting default regularization parameter C=57.4906
Optimizing..........................................................................
...................................................................................
...................................................................................
...................................................................................
...................................................................................
...................................................................................
...................................................................................
...................................................................................
...................................................................................
...................................................................................
...................................................................................
...................................................................................
...................................................................................
......................................................................done. (1011 iteratio
ns)
Optimization finished (54 misclassified, maxdiff=0.00097).
Runtime in cpu-seconds: 0.35
Number of SV: 646 (including 233 at upper bound)
L1 loss: loss=133.13079
Norm of weight vector: |w|=115.64485
Norm of longest example vector: |x|=0.69419
Estimated VCdim of classifier: VCdim<=4621.62454
Computing XiAlpha-estimates...done
Runtime for XiAlpha-estimates in cpu-seconds: 0.00
XiAlpha-estimate of the error: error(<=8.61% (rho=1.00,depth=0)
XiAlpha-estimate of the recall: recall=>45.69% (rho=1.00,depth=0)
XiAlpha-estimate of the precision: precision=>31.36% (rho=1.00,depth=0)
Number of kernel evaluations: 128088
Writing model file...done

C:\SVM>
```

Figura 7.6: Exemplo de utilização do comando svm_learn

```
C:\SVM>svm_classify

Not enough input parameters!

SVM-light V6.02: Support Vector Machine, classification module     14.08.(

Copyright: Thorsten Joachims, thorsten@joachims.org

This software is available for non-commercial use only. It must not
be modified and distributed without prior permission of the author.
The author is not responsible for implications from the use of this
software.

    usage: svm_classify [options] example_file model_file output_file

options: -h        -> this help
         -v [0..3] -> verbosity level (default 2)
         -f [0,1]  -> 0: old output format of V1.0
                   -> 1: output the value of decision function (default)

C:\SVM>_
```

Figura 7.7: Ajuda do comando svm_classify

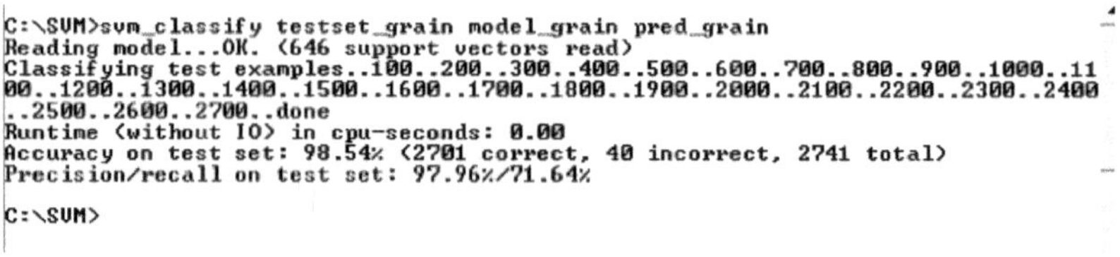

```
C:\SVM>svm_classify testset_grain model_grain pred_grain
Reading model...OK. (646 support vectors read)
Classifying test examples..100..200..300..400..500..600..700..800..900..1000..11
00..1200..1300..1400..1500..1600..1700..1800..1900..2000..2100..2200..2300..2400
..2500..2600..2700..done
Runtime (without IO) in cpu-seconds: 0.00
Accuracy on test set: 98.54% (2701 correct, 40 incorrect, 2741 total)
Precision/recall on test set: 97.96%/71.64%

C:\SVM>
```

Figura 7.8: Exemplo de utilização do comando svm_classify

conjuntos de dados exemplo no Weka no ficheiro diabetes.arff (e também na base de dados UCI).

Trata-se de um conjunto de dados de registos de pacientes com 8 atributos e a classe indicando de o paciente tem ou não diabetes. O conjunto tem 768 exemplos, dos quais 500 são negativos e 28 são positivos. Os atributos, retirados do original em inglês são:

1. Number of times pregnant

2. Plasma glucose concentration a 2 hours in oral glucose tolerance test

3. Diastolic blood pressure (mm Hg)

4. Triceps skin fold thickness (mm)

5. 2-Hour serum insulin (mu U/ml)

6. Body mass index (weight in kg/(height in m)^2)

7. Diabetes pedigree function

8. Age (years)

No Explorer do Weka vamos então abrir o ficheiro diabetes.arff, obtendo-se o resultado da Figura 7.9.

Podemos analisar os valores de cada atributo e da classe usando a opção de Visualize all, cujo resultado se apresenta na Figura 7.10.

De seguida no separador Classify escolhe-se SMO, que implementa o algoritmo Sequential Minimal Optimization de John Platt para treino de uma SVM para classificação. Usando os valores por omissão para os vários parâmetros (usando 10-*fold cross validation*) obtém-se o desempenho apresentado na Figura 7.11.

Figura 7.9: Carregamento inicial do conjunto diabetes no Weka

7.7.3 Abalone

Vamos agora apresentar um exemplo da utilização de SVM com regressão. Assim, vamos usar o conjunto de dados Abalone, que contém dados físicos sobre um molusco (haliote), com o objetivo de descobrir a idade de cada animal.

A idade é normalmente determinada através do corte da concha, aplicando posteriormente um colorante e contando o número de anéis usando um microscópio de uma forma morosa e manual.

Por outro lado, existem outras medidas que são de muito mais fácil obtenção, e que podem indiciar a idade, evitando assim tal processo.

Neste conjunto de dados existem 4177 exemplos, com 8 atributos cada um, retirados do original em inglês:

1. Sex

2. Length

3. Diameter

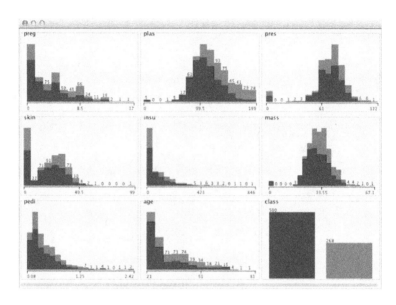

Figura 7.10: Visualização da distribuição dos exemplos para cada característica do conjunto diabetes no Weka

```
Correctly Classified Instances      594            77.3438 %
Incorrectly Classified Instances    174            22.6563 %
Kappa statistic                       0.4682
Mean absolute error                   0.2266
Root mean squared error               0.476
Relative absolute error              49.848  %
Root relative squared error          99.862  %
Total Number of Instances           768

=== Detailed Accuracy By Class ===

               TP Rate   FP Rate   Precision   Recall   F-Measure   ROC Area   Class
                0.898     0.459      0.785      0.898     0.838        0.72      tested_negative
                0.541     0.102      0.74       0.541     0.625        0.72      tested_positive
Weighted Avg.   0.773     0.334      0.769      0.773     0.763        0.72

=== Confusion Matrix ===

   a    b    <-- classified as
 449   51  |   a = tested_negative
 123  145  |   b = tested_positive
```

Figura 7.11: Classificação do conjunto Diabetes com SMO no Weka

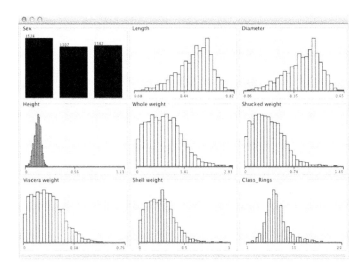

Figura 7.12: Visualização da distribuição dos exemplos para cada característica do conjunto Abalone no Weka

4. Height

5. Whole weight

6. Shucked weight

7. Viscera weight

8. Shell weight

A saída pretendida é o número de anéis (a que somado 1,5 se obtém a idade em anos). Ou seja, é um valor contínuo e não uma classe.

Vamos então abrir o ficheiro Abalone.arff no Weka e visualizar os atributos (Visualize All), obtendo-se a representação da Figura 7.12.

De seguida, no separador Classify escolhe-se SMOreg, que implementa o algoritmo Sequential Minimal Optimization de John Platt para treino de uma SVM para regressão. Usando os valores por omissão para os vários parâmetros (usando 10-*fold cross validation*) obtém-se o desempenho apresentado na Figura 7.13.

```
SMOreg

weights (not support vectors):
    +        0.0113 * (normalized) Sex=M
    +        0.0066 * (normalized) Sex=F
    -        0.0178 * (normalized) Sex=I
    +        0.0269 * (normalized) Length
    +        0.1946 * (normalized) Diameter
    +        0.5184 * (normalized) Height
    +        0.7077 * (normalized) Whole weight
    -        0.8611 * (normalized) Shucked weight
    -        0.237  * (normalized) Viscera weight
    +        0.2977 * (normalized) Shell weight
    +        0.0945


Number of kernel evaluations: 103509821 (45.007% cached)

Time taken to build model: 20.78 seconds

=== Cross-validation ===
=== Summary ===

Correlation coefficient              0.728
Mean absolute error                  1.5506
Root mean squared error              2.2503
Relative absolute error             65.628  %
Root relative squared error         69.7915 %
Total Number of Instances         4177
```

Figura 7.13: classificação do conjunto Abalone com SMOreg no Weka

7.8   Desafios para o Leitor Interessado

1. O que entende por plano ótimo de separação de uma SVM?

2. Qual a diferença principal entre uma SVM de margem rígida e de margem suave?

3. Qual a diferença principal entre uma SVM linear e uma não linear?

4. Descreva um cenário em que a seguinte SVM seria suficiente:

   (a) SVM de margem rígida

   (b) SVM de margem suave

   (c) SVM não linear (kernel não linear)

5. O que é o truque do kernel?

6. Relativamente ao significado dos vetores de suporte apresente:

   (a) A sua explicação gráfica

    (b) A sua explicação matemática

7. Tente melhorar a classificação base apresentada para o conjunto de dados da diabetes (ponto 7.7.2 neste capítulo).

Capítulo 8

Comités

Neste capítulo vamos abordar as estratégias de aprendizagem computacional baseadas em comités. Trata-se de uma abordagem com resultados muito competitivos e cada vez mais usada. Parte do princípio de que se podem usar vários modelos e não apenas um para atingir o resultado desejado.

8.1 Introdução

Os comités, muitas vezes denominados por ensembles ou *mixture of experts*, apresentam muitas vezes melhor desempenho quando comparados com sistemas que usam apenas um modelo, principalmente quando se consideram um conjunto alargado de aplicações em diversos cenários de apoio à decisão. A sua premissa é a que subjaz muitas vezes às decisões humanas. Quando nos encontramos perante um problema de grande importância financeira, médica ou outra, procuramos frequentemente uma segunda (e terceira) opinião antes de tomarmos uma decisão. Neste contexto, analisamos cada uma e podemos mesmo combiná-las num processo implícito como forma de chegar à decisão final, eventualmente a mais bem informada. Este processo de consultar vários peritos antes da tomada de decisão é talvez próprio da natureza humana, estando a ser explorados os seus benefícios no contexto da aprendizagem computacional.

Neste capítulo vamos abordar os comités de classificadores, embora recentemente se tenham vindo a destacar comités de clusters com bons resultados em problemas não supervisionados.

Existem várias razões, tanto teóricas, como práticas, que podem levar à

189

utilização de um comité:

- **Estatística**: A obtenção de bom desempenho em dados de treino não garante boa generalização e classificadores com desempenhos semelhantes no treino podem ter diferentes capacidades de generalização. Assim, pela combinação das saídas de vários classificadores podemos reduzir o risco de ter um mau desempenho no teste. O comité não pode ultrapassar o melhor classificador individual, mas vai reduzir o risco global de fazer uma seleção particularmente pobre;

- **Grandes volumes de dados**: Em algumas aplicações há um conjunto de dados demasiado grande para ser analisado por apenas um classificador. Assim, a partição dos dados em subconjuntos menores, treinados com classificadores diferentes, pode ser mais eficiente;

- **Poucos dados**: Os comités também podem ser usados no problema oposto, ou seja, quando há poucos dados. Como são os dados que suportam um classificador, quando não temos muitos dados podemos utilizar técnicas de reamostragem para definir subconjuntos aleatórios dos dados, sendo cada um usado para treinar um classificador diferente;

- **Dividir-para-reinar**: Quando o problema a resolver é demasiado complexo para um classificador isolado, isto é, quando a linha de separação entre classes não é atingível com o espaço de funções definido, a utilização de vários classificadores pode ajudar. Por exemplo, uma decisão baseada em votação por maioria, pode normalmente aprender uma linha de separação mais complexa;

- **Fusão de dados**: Quando os dados são obtidos de fontes diferentes, com diferentes características, em número e tipo, um classificador isolado terá dificuldade em ser utilizado para aprender a informação contida em todos os dados. Um comité pode ser usado para fundir os dados.

Os comités (ou ensembles) são então baseados na ideia de que, dada uma tarefa que necessite de conhecimento de peritos, um conjunto de k classificadores terá um melhor desempenho do que um isolado, desde que as suas saídas sejam conjugadas de uma forma apropriada.

No Free Lunch Theorem e comités

O teorema "No Free Lunch", como já referido no Capítulo 3, advoga que se um algoritmo apresenta um bom desempenho com determinada classe de problemas, terá necessariamente menos bom desempenho noutras classes de problemas. Assim, pode considerar-se que, sempre que ajustamos um algoritmo a determinado problema, sabemos à partida que tal ajuste não funcionará noutro problema.

Os comités podem ser então vistos como uma forma de evitar o teorema "No Free Lunch". Desde que os classificadores escolhidos tenham diversidade e adaptabilidade suficientes podemos evitar a inevitabilidade deste teorema.

Assim, um comité é caracterizado por:

- k classificadores;

- Escolha da função de combinação, normalmente designada como algoritmo de votação.

Os classificadores devem ser tão independentes quanto possível, de forma a garantir um maior número de perspetivas sobre os dados. Assim, a representação dos dados pode ser diferente, bem como os classificadores e parâmetros usados.

O algoritmo mais simples de votação é a votação por maioria, onde cada classificador-base (perito) vota na classe a que cada exemplo deve pertencer, ganhando a maioria (em problemas binários deve ser usado um número ímpar de classificadores). Uma evolução direta da votação por maioria é a combinação linear, em que cada classificador tem um peso diferente na decisão final. Neste caso os pesos podem ser fixos ou adaptativos.

De facto, os algoritmos de votação podem ser divididos em dois tipos: os que alteram a distribuição do conjunto de treino de uma forma adaptativa, com base no desempenho dos classificadores anteriores e os que não o fazem.

Os sistemas de *boosting* são o exemplo típico do primeiro tipo e os sistemas de *bagging* do segundo. Assim, vamos apresentar de seguida uma descrição dos dois sistemas.

8.2 *Boosting*

Entende-se por *boosting*, a utilização de um meta-algoritmo para aprendizagem supervisionada. Baseia-se na questão:

**Pode um conjunto de classificadores fracos
criar um classificador forte?**

Um classificador fraco pode ser definido como um classificador que tem uma correlação fraca com a verdadeira classificação, ou seja, apresenta um desempenho fraco. Em contraste, um classificador forte apresenta normalmente uma alta correlação com a verdadeira classificação e por isso apresenta um desempenho forte.

A ideia principal do *boosting* é então gerar vários classificadores (ou regras) fracos de classificação, combinando-os numa única regra que apresente muito bom desempenho. O algoritmo atribui diferentes pesos de importância a cada exemplo de treino e funciona de uma forma incremental pela atribuição de maior importância a exemplos que sejam mais difíceis de classificar, enquanto que os mais fáceis verão o seu peso diminuir.

Esta estratégia de atribuição adaptativa de pesos é a base da avaliação dos classificadores fracos. A hipótese final combinada classifica então um exemplo de teste pela votação dos resultados obtidos por cada classificador fraco.

Uma implementação de *boosting* muito conhecida é o *AdaBoost*, muito usada por exemplo em classificação de texto. Começa com um conjunto de treino (pares entrada-saída) que normalmente é pré-classificado manualmente. Inicialmente os pesos são distribuídos uniformemente. De seguida, o algoritmo *AdaBoost* vai avaliando iterativamente as hipóteses (saídas) dos classificadores fracos, usando-as para determinar a hipótese (saída) final.

Em cada iteração, usando o conjunto de pesos determinado na iteração anterior, o erro da hipótese é calculado e o peso ou importância de cada classificador fraco é atualizado, atribuindo maior peso aos bons classificadores. Ou seja, classificadores com bom desempenho (baixo erro), enquanto que a maus classificadores são atribuídos pesos mais baixos (eventualmente negativos). Apresentamos de seguida o algoritmo *AdaBoost*:

Algoritmo 5 Algoritmo *AdaBoost*
Input: N exemplos de treino classificados;
T: número de iterações
1. Iniciar os pesos de cada exemplo a $1/N$
2. Em cada iteração:
2.1 Usar cada classificador fraco, obtendo a sua saída: hipótese h
2.2 Calcular erro de cada hipótese ε
2.3 Atualizar o peso de cada hipótese: $1/2\ln((1-\varepsilon)/\varepsilon)$
2.4 Atualizar o peso de cada exemplo e normalizar
Output: Hipótese final: soma pesada das hipóteses dos classificadores fracos

8.3 *Bagging*

Os sistemas baseados em *bagging* (*bootstrap aggregating*) são também um meta-algoritmo para melhorar o desempenho tanto em problemas de classificação como de regressão, em termos de estabilidade e precisão.

O *bagging* também reduz os problemas de variância e contribui para evitar o *overfitting*. Apesar de este método estar muitas vezes associado a modelos de árvores de decisão, pode ser usado com qualquer tipo de modelo.

O algoritmo de *bagging* vota em classificadores gerados por amostras de bootstrap diferentes. Cada amostra é gerada pela amostragem uniforme de m instâncias do conjunto de treino com reposição. Ou seja, cada vez que se tira uma amostra os exemplos são repostos de forma a poderem voltar a ser escolhidos na próxima amostra.

Assim, são geradas várias amostras e é construído um classificador para cada uma. O classificador final é construído a partir destes classificadores bootstrap individuais, definindo a sua classe de saída como a classe que foi mais vezes escolhida entre os subclassificadores.

Para uma dada amostra de bootstrap, uma instância do conjunto de treino tem uma probabilidade $1-(1-\frac{1}{m})^m$ de de ser escolhida pelo menos uma vez nas m vezes que é realizada a amostragem.

Para valores elevados de m, este valor é cerca de $1-\frac{1}{e}=63,2\%$, o que significa que cada amostra de bootstrap contém apenas cerca de 63,2% de instâncias únicas do conjunto de treino. Esta situação leva a que diferentes classificadores sejam construídos se o método de aprendizagem for instável, no sentido da presença de aleatoriedade (e.g. redes neuronais, árvores de decisão), podendo o desempenho melhorar se os classificadores base forem bons e não relacionados. No entanto o algoritmo de *bagging* pode piorar o desempenho de classificadores estáveis (e.g. kNN), pois são usados conjuntos de treino mais pequenos para treinar cada classificador.

8.4 *Random Forests*

O algoritmo *random forests*, cuja tradução direta do inglês seria floresta aleatória, faz parte dos algoritmos baseados em comités, muitas vezes designados de *"ensemble learning"*, que pode ser aplicado a várias tarefas de aprendizagem computacional. Exibe desempenhos muito competitivos, sendo muitas vezes a escolha para muitos problemas reais tanto de classificação como de regressão.

Funciona pela construção de várias árvores de decisão durante o treino, tendo como saída a classe que é a moda (valor mais comum de uma série) das classes no caso da classificação e a média da predição de cada árvore de decisão individual no caso da regressão.

As *random forests* tendem a corrigir a tendência de *overfitting* das árvores de decisão.

Este método combina o algoritmo de *bagging*, descrito atrás, com a seleção aleatória de características, de forma a construir um conjunto de árvores de decisão com variância controlada.

Assumindo um conhecimento básico sobre o funcionamento de árvores de decisão (ver Capítulo 3), o algoritmo *random forests* constrói várias árvores de decisão. Para classificar um novo exemplo, alimenta-se cada árvore da floresta com o vetor de entrada, obtendo a classificação de cada uma delas que funciona como um voto na classe escolhida. A floresta (random forest) escolhe a classe com mais votos entre todas as árvores.

Vamos então mostrar como se treinam as *random forests*, considerando um número arbitrário de árvores T:

1. Amostrar N casos dos exemplos de treino para criar um subconjunto dos dados que deve ter cerca de 66% do total.

2. Em cada nó (árvore de decisão):

   • Escolher aleatoriamente m das variáveis de entrada

- Construir a árvore como normalmente (usando a variável que mais ganho de informação apesenta para ser a que divide o conjunto na raiz da árvore de decisão)

Dependendo do valor de m, podemos estar na presença de 3 sistemas diferentes:

- Seleção por *random splitter*: $m = 1$

- *Bagging*: m =todas as variáveis de treino

- *Random forests*: $m <<$ número de variáveis, sendo sugerido $\frac{1}{2}\sqrt{m}$, $\sqrt{m}$ ou $2\sqrt{m}$.

O desempenho de *random forests* depende:

- Da correlação entre quaisquer duas árvores na floresta. Quanto menor a correlação melhor o desempenho;

- Da força de cada árvore individual na floresta. Uma árvore com bom desempenho é um classificador forte. No entanto o aumento da força das árvores individuais, reduz o desempenho da floresta.

Acrescente-se ainda que a redução do valor m reduz tanto a correlação como a força. O seu aumento tem o efeito oposto, ou seja, aumenta ambos. O valor ótimo de m estará algures no meio.

Out-of-bag

Um conceito importante nas *random forests* são os dados *"out-of-bag"* (oob), cuja tradução direta seria "fora do saco". Ao tomar uma amostra normalmente existe uma parte dos exemplos que não é usada e são estes exemplos que são denominados oob.

Para cada árvore os exemplos oob podem ser usados como conjunto de teste, podendo depois estas predições de cada árvore da floresta ser agregadas e calcular o erro obtido. Este erro é mais fiável do que o erro de treino, pois é tomado em exemplos novos, ou seja, pode funcionar como uma medida da qualidade do classificador.

As *random forests* apresentam-se hoje em dia como um dos algoritmos que melhores resultados oferece num conjunto alargado de aplicações. São eficientes em conjuntos de dados com elevada dimensão (muitos exemplos de treino) e elevada dimensionalidade (muitas variáveis de treino), pois usam estratégias de "dividir para reinar" nas duas vertentes.

8.5   Aplicações

Vamos apresentar duas ferramentas que disponibilizam várias soluções de comités: o Weka e o Matlab. Em ambos vamos apresentar a comparação do desempenho de vários algoritmos de comités em alguns conjuntos de dados disponíveis.

8.5.1   Comités com Weka

O software livre Weka tem disponíveis no seu explorador várias implementações de comités, nomeadamente as referidas neste capítulo: *AdaBoost*, *Bagging* e *Random Forests*.

Quando acedemos no Explorer ao separador Classify e depois ao botão Choose temos acesso a todos os modelos de classificação.

O *AdaBoost* e o *Bagging* encontram-se disponíveis na pasta meta (de meta-algoritmos) e as *Random Forests* na pasta trees (de decision trees), como se pode verificar na Figura 8.1.

Na configuração do método *AdaBoost* (AdaBoostM1) temos um conjunto de configurações disponíveis, como se pode verificar na Figura 8.2.

Nestas configurações temos a definição do algoritmo a ser usado para a construção dos classificadores fracos, tendo neste caso, a possibilidade de usar qualquer dos classificadores implementados no Weka e que sejam adequados aos dados.

Na configuração do método *Bagging* temos também outro conjunto de configurações disponíveis, como se pode verificar na Figura 8.3.

Nestas configurações temos novamente a definição do algoritmo a ser usado para a construção dos classificadores fracos, tendo também neste caso a possibilidade de usar qualquer um dos classificadores implementados no Weka e que se adequem aos dados.

Na configuração do método RandomForest o conjunto de configurações disponíveis é apresentado na Figura 8.4.

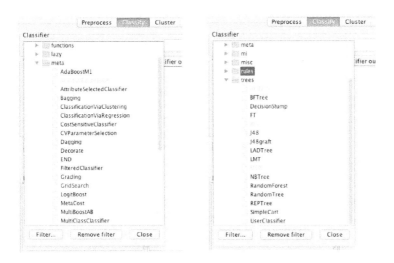

Figura 8.1: Localização dos classificadores baseados em comités - Weka

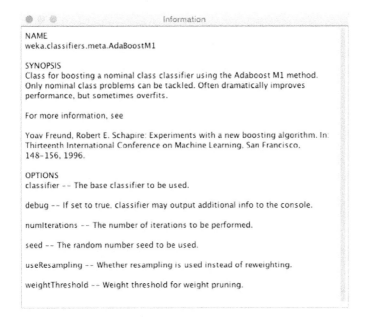

Figura 8.2: Informação adicional do algoritmo AdaBoostM1 - Weka

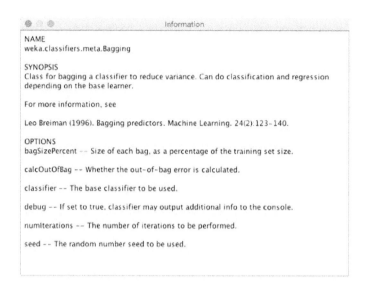

Figura 8.3: Informação adicional do algoritmo *Bagging* - Weka

Podemos definir o nível de profundidade máxima das árvores de decisão (maxDepth), o número de variáveis dos exemplos de entrada a ter em conta no processo de seleção aleatória (numFeatures) e o número de árvores que pretendemos que sejam criadas na floresta (numTrees).

Vamos agora aplicar estes três algoritmos a dois problemas que já usámos neste livro: Iris e Flores, bem como a um problema de classificação de texto, o conjunto de dados da Reuters, também disponível nos conjuntos de dados do Weka.

Nas Figuras 8.5, 8.6 e 8.7 apresentam-se os resultados da aplicação dos três algoritmos, com as configurações definidas por omissão, ao conjunto de dados Iris, usando cross-validation com 10 folds.

Como podemos observar da análise das três matrizes de contingência (*confusion matrix*) os resultados são muito semelhantes com uma ligeira supremacia para o *AdaBoost*.

Vamos de seguida apresentar nas Figuras 8.8, 8.9 e 8.10 os resultados para o conjunto de dados Flores, descrito na Secção 2.5.2 deste livro, também para os três algoritmos baseados em comités apresentados neste capítulo. Como no exemplo anterior vamos usar as configurações por omissão e cross-validation

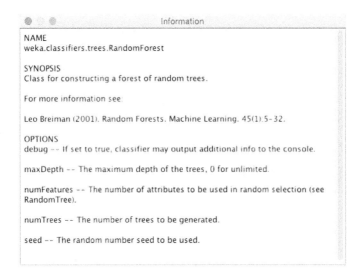

Figura 8.4: Informação adicional do algoritmo RandomForest - Weka

Figura 8.5: Resultado *AdaBoost* - Iris – Weka

Figura 8.6: Resultado *Bagging* - Iris – Weka

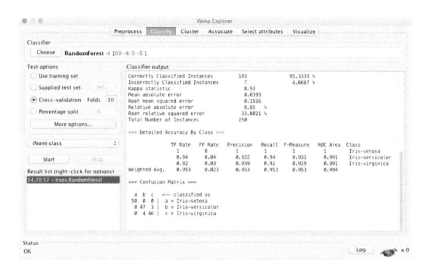

Figura 8.7: Resultado *Random Forests* - Iris – Weka

com 10 folds. Neste caso vamos usar, como em capítulos anteriores um problema específico do conjunto de dados das Flores, o dos malmequeres, nomeadamente o disponível no ficheiro BOOK_flores_50_BW_Malmequeres.arff.

Figura 8.8: Resultado *AdaBoost* - Flores – Weka

Analisando novamente as matrizes de contingência podemos apercebernos das capacidades que os algoritmos baseados em comités exibem um desempenho muito positivo. Note-se adicionalmente que, ao contrário da utilização deste conjunto de dados em situações anteriores, neste caso não se procedeu a nenhuma forma de pré-processamento, apesar de o desempenho ser superior com uma ligeira vantagem para as *random forests*.

Vamos agora analisar um novo conjunto de dados, designadamente uma aplicação de classificação de texto baseada no conjunto de dados Reuters-21578, já introduzido no capítulo anterior, na Secção 7.7.1.

Neste caso vamos usar o problema de classificação de apenas uma classe (*one-against-all*), nomeadamente da classe Grain, usando a divisão ModApte, que define quais os exemplos de treino e de teste de cada classe, que se encontra disponível entre os datasets do Weka nos ficheiros ReutersGraintrain.arff.

Este conjunto de dados apresenta textos noticiosos da Reuters, representados pelas palavras que os compõe e uma classificação, binária neste caso,

Figura 8.9: Resultado *Bagging* - Flores – Weka

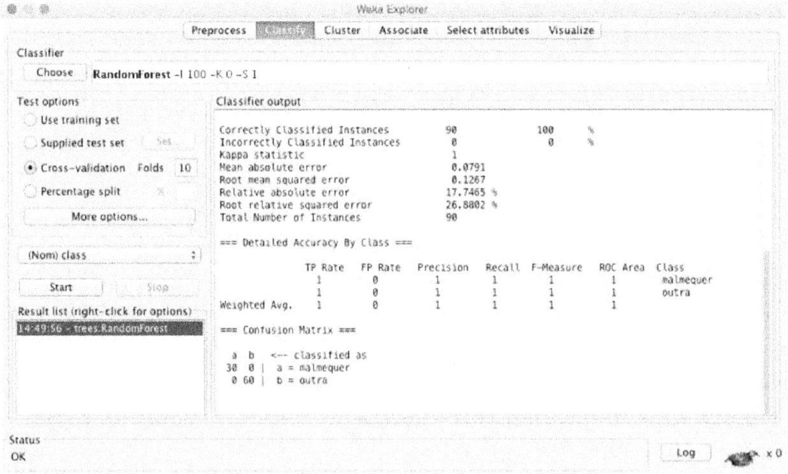

Figura 8.10: Resultado *Random Forests* - Flores - Weka

de pertença ou não a determinada classe, à classe Grain neste caso.

Assim, antes de se poder usar algum dos algoritmos baseados em comités, convém efetuar um passo de pré-processamento que transforme as entradas (textos) em valores que se possam relacionar.

O Weka possui uma função de pré-processamento, designada StringToWord-Vector que converte atributos representados por palavras num conjunto de atributos representando a ocorrência de palavras. Ou seja, passamos a ter uma representação numérica do valor (ou peso) de cada palavra no texto que constitui a entrada em vez da palavra propriamente dita. Caso determinada palavra não esteja presente num texto, o seu valor é normalmente 0 (zero).

Assim, no separador Preprocess do explorador do Weka, depois de carregar o ficheiro com os dados da classe Grain devemos então na área do filtro (Filter) escolher StringToWordVector em weka → filters → unsupervised → atribute, seguindo-se depois a aplicação do filtro, carregando no botão Apply.

Passando para o separador Classify, podemos então testar os três algoritmos baseados em comités que temos vindo a experimentar, com os valores por omissão e usando cross-validation com 10 folds.

Neste caso, é também necessário garantir que a saída do classificador está bem determinada, ou seja, deve garantir que na escolha mesmo acima do Start está escolhido (Nom) class-att, como se pode ver na Figura 8.11, que neste caso representa a classe de cada texto.

As Figuras 8.11, 8.12 e 8.13 apresentam os resultados obtidos para cada um dos algoritmos apresentados anteriormente: *AdaBoost*, *Bagging* e *Random Forests*.

Analisando novamente as matrizes de contingência podemos constatar que o problema apresentado é mais difícil do que os anteriores e que talvez os valores por omissão dos classificadores possam não ser adequados. Este cenário coloca-se por variadas razões, nomeadamente, a elevada dimensionalidade do problema e o reduzido número de exemplos positivos da classe Grain. Neste caso o algoritmo de *bagging* apresentou melhor desempenho.

8.5.2 Comités com Matlab

O Matlab disponibiliza uma framework para trabalhar com comités, designada "Framework for Ensemble Learning". Para criar um modelo baseado em comités usa-se a função fitensemble que suporta vários tipos de comités. A sintaxe é:

ens = fitensemble(X,Y,model,numberens,learners)

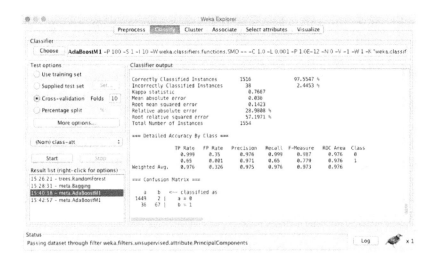

Figura 8.11: Resultado *AdaBoost* – Reuters - Grain – Weka

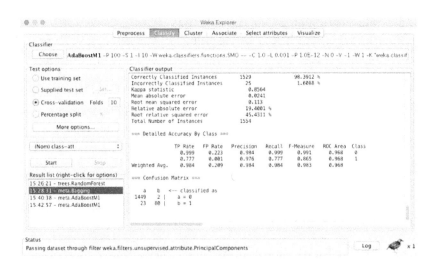

Figura 8.12: Resultado *Bagging* – Reuters - Grain - Weka

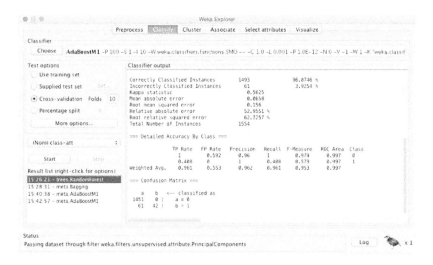

Figura 8.13: Resultado *Random Forests* – Reuters- Grain - Weka

em que:

- X é a matriz dos dados. Cada linha tem um exemplo e cada coluna tem uma variável;

- Y é o vetor com as classificações desejadas, com tantos exemplos como os definidos em X;

- Model é um conjunto de carateres que tem o nome do tipo de comité;

- numberens é o número de classificadores fracos no comité resultante (ens) de cada elemento em learners. Ou seja, o número de elementos em ens resulta da multiplicação de numberens pelo número de elementos em learners;

- learners pode ser um conjunto de caracteres com o nome de um classificador fraco ou um modelo de um classificador fraco ou ainda um conjunto de modelos de classificadores fracos.

Assim, para testar o conjunto de treino Iris com *AdaBoost* podemos usar a função fitensemble como apresentado na Figura 8.14.

Neste caso estamos a escolher o tipo de comité AdaBoostM2. Existem diversas variantes dos algoritmos que se podem escolher, nomeadamente:

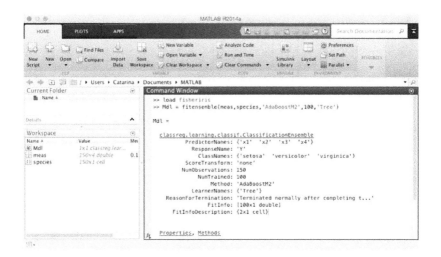

Figura 8.14: Criação do Comité – *AdaBoost* – Iris - Matlab

- Classificação binária: 'AdaBoostM1', 'LogitBoost', 'GentleBoost', 'RobustBoost', 'LPBoost', 'TotalBoost', 'RUSBoost', 'Subspace', 'Bag';

- Classificação com 3 ou mais classes: 'AdaBoostM2', 'LPBoost', 'TotalBoost', 'RUSBoost', 'Subspace', 'Bag';

- Regressão: 'LSBoost', 'Bag'.

Analisando a instrução fitensemble, verificamos ainda que estamos a criar 100 classificadores fracos que escolhemos como árvores de decisão, conforme se encontra definido na expressão 'Tree'. Os classificadores possíveis são: 'Discriminant' , 'KNN' , 'Tree'.

Para testar um exemplo em particular usamos a função predict que recebe o modelo e as entradas a classificar, como se pode observar na Figura 8.15.

Para o caso de problemas de regressão a forma de funcionamento é muito semelhante, como se apresenta na Figura 8.16.

8.6   Desafios para o Leitor Interessado

1. Indique 2 vantagens dos algoritmos baseados em comités.

Figura 8.15: Teste do Comité – *AdaBoost* – Iris - Matlab

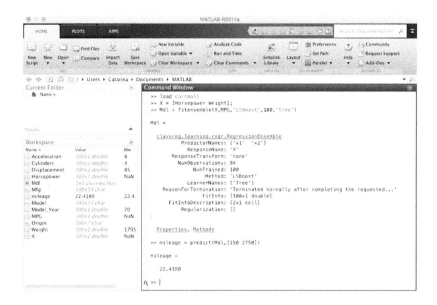

Figura 8.16: Comité para regressão – Matlab

2. Indique a principal diferença entre os algoritmos de *bagging* e *boosting*.

3. Indique a principal semelhança entre os algoritmos de *bagging* e *boosting*.

4. No *boosting* são dados pesos que refletem a importância tanto dos exemplos como dos classificadores falsos. Explique como e com que objetivo.

5. Nos exemplos dos testes usando *bagging* experimente aumentar o número de iterações (o valor por omissão é 10, experimente aumentar para 100). Qual o resultado ao nível de desempenho?

6. No exemplo da classificação de texto experimente:

   (a) Utilizar métodos de pré-processamento (PCA por exemplo).

   (b) Usar diferentes tipo de classificadores base no *AdaBoost*. Por exemplo o SMO. Quais as alterações, em termos de tempo de resposta e desempenho?

7. Descreva por palavras suas o teorema "No Free Lunch" e elabore como é abordado pelos algoritmos baseados em comités.

8.7   Resolução de Alguns Desafios

1. Adaptam-se a grandes volumes de dados; fazem uso de classificadores fracos com padrões de erro diferentes obtendo desempenhos muito competitivos.

2. A principal diferença prende-se com o facto de o *bagging* ter uma aleatoriedade subjacente à criação dos conjuntos de treino que não acontece no *boosting*.

3. Ambos usam um conjunto de classificadores fracos para tentar otimizar o desempenho.

•

Capítulo 9

Sistemas Difusos

Neste capítulo vamos abordar os sistemas difusos e a sua aplicação em engenharia. A lógica difusa tem vindo a ter um impacto notável em diversas aplicações que requerem perícia humana. Estudaremos a aprendizagem computacional baseada em regras e veremos como pode ser usada para construir sistemas difusos que permitem realizar inferências a partir de dados de treino em diversas áreas do conhecimento.

9.1 Introdução

A lógica difusa trata matematicamente informações imprecisas normalmente usadas na comunicação humana. No sentido mais restrito, pode ser interpretada como a lógica do raciocínio aproximado, podendo também ser vista como uma generalização e extensão da lógica multi-valor que estende a lógica booleana, habitualmente usada em computação. A palavra *fuzzy* significa imprecisão ou incerteza, normalmente baseada na intuição humana e não na teoria de probabilidades. Esta ideia levou a uma nova tecnologia bem-sucedida com aplicações em diversas áreas do conhecimento. A lógica difusa foi proposta em 1965 por Lofti A. Zadeh num artigo seminal intitulado *"Fuzzy Sets"*:

- Foi criada com o intuito de permitir captar e representar o conhecimento humano, nomeadamente a incerteza inerente ao próprio conhecimento, bem como gerar decisões baseadas nesse conhecimento, segundo uma forma linguística ou verbal próxima do raciocínio humano;

211

- A lógica difusa permite então representar duma forma mais natural a realidade. Uma afirmação ou propriedade pode ser verdadeira para vários graus de verdade, desde completamente verdadeira até completamente falsa; ao contrário, na lógica tradicional uma afirmação ou é completamente verdadeira ou completamente falsa.

De acordo com Zadeh "à medida que a complexidade de um sistema aumenta, a nossa habilidade de fazer afirmações precisas e que sejam significativas acerca do sistema diminui até que um limiar seja atingido, além do qual precisão e significância (ou relevância) se tornam quase características mutuamente exclusivas".

Incerteza e precisão

Não se imagina como tudo é vago até que se tente fazê-lo de modo preciso.

Bertrand Russel

9.2   Lógica Difusa

Antes de prosseguirmos com a diferença entre lógica clássica e lógica difusa, o primeiro conceito com que nos deparamos é o de Universo de Discurso, que se designa por X e corresponde ao espaço onde estão definidos os elementos do conjunto. Segundo a teoria clássica, o grau de pertença de um elemento de ao conjunto A será 1 se o elemento pertence completamente a A, 0 se não pertence a A.

Contudo, no mundo real não existem graus de pertença exatos. A lógica difusa estabelece então um conceito de grau de pertença que não é definido de uma forma absoluta, sendo na maioria dos casos dependente do contexto.

Grau de verdade

Uma afirmação em lógica difusa tem um grau de verdade. Um elemento pertence com um certo grau de verdade ao conjunto difuso enquanto que na lógica clássica um elemento pertence ou não pertence ao conjunto.

9.2.1 Conjuntos Difusos

Os conjuntos difusos definem conceitos vagos, admitindo a possibilidade de funções de pertença. O grau de pertença de um objeto difuso é denotado por um valor compreendido entre 0 e 1 e obtém-se com base numa função de pertença. Uma função de pertença associada a um dado conjunto difuso mapeia uma entrada no seu correspondente valor da função de pertença.

Para distinguir de um conjunto difuso, os conjuntos tradicionais costumam designar-se por conjuntos "crespos". Para um conjunto crespo C no universo X, um elemento x ou pertence a C ou não pertence a C. Assim, para a lógica clássica é possível definir a seguinte função característica, $\mu_C : X \to \{0; 1\}$:

$$\mu_c = \begin{cases} 1 \text{ se } x \in C \\ 0 \text{ se } x \notin C \end{cases} \tag{9.1}$$

Considere-se, por exemplo, que se pretende descrever o conjunto das pessoas altas do universo $X = [0; 2, 0]$ que representa a altura em metros: $A = \{$Conjunto das pessoas altas$\}$. De acordo com o que foi dito acima, a função característica é dada por:

$$\mu_c = \begin{cases} 1 \text{ se } x \geq 1,80 \\ 0 \text{ se } x < 1,80 \end{cases} \tag{9.2}$$

Incerteza e realidade

Se as leis da Matemática se referem à realidade, elas não estão corretas; e, se estiverem corretas, não se referem à realidade.

Albert Einstein

O conceito tradicional é, em muitos casos, suficiente, mas pode-se facilmente encontrar situações em que é pouco flexível. No exemplo apresentado atrás, a realidade do conceito de ser alto não apresenta limites bem definidos. Este conceito, se abordado de uma forma crespa, como ilustrado na Figura 9.1(a), não faz muito sentido pois uma pessoa não deixa de ser alta quando tem, por exemplo, 1,79m. Já quando se trabalha com lógica difusa define-se o grau de pertença da função característica que descreve o conceito de ser alto, a variar de uma forma contínua entre 0 e 1 como se ilustra na Figura 9.1(b). Nas próximas secções analisaremos com mais detalhe estes aspetos.

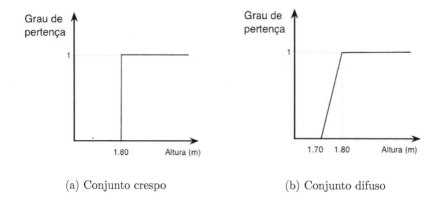

(a) Conjunto crespo   (b) Conjunto difuso

Figura 9.1: Exemplo de conjunto para o conceito de "alto"

9.2.2 Funções de Pertença

Na teoria dos conjuntos difusos, a função característica é generalizada com uma função de pertença μ_D que atribui a cada $x \in X$ um valor pertencente ao intervalo unitário $[0, 1]$, e não a um valor do conjunto formado pelos elementos 0, 1 . O conjunto que é definido com base nesta função de pertença:

$$\mu_D : X \to [0,1] \tag{9.3}$$

designa-se por conjunto difuso. Um conjunto difuso discreto D é completamente determinado pelo conjunto de pares ordenados:

$$D = \{(x, \mu_D(x)) : x \in X\} \tag{9.4}$$

No exemplo anterior a função $\mu_A(.) : X \to [0, 1]$ mapeia elementos do universo de discurso (valores possíveis da altura em metros) com um grau de pertença ao conjunto A das pessoas altas. A função de pertença de conjuntos difusos define o grau de pertença de um elemento a um conjunto.

O problema da escolha do limiar entre dois conjuntos a partir do qual se pode definir ("ser alto"/"não ser alto") pode ser considerado como uma expressão do paradoxo de Sorites (ver caixa).

Paradoxo de Sorites

O grego Eubulides de Mileto da escola anti-aristotélica enunciou o Paradoxo de Sorites também conhecido por paradoxo do monte, que é adequadamente descrito pela pergunta:

Quando é que um monte de areia deixa de o ser quando se lhe vão retirando grãos?

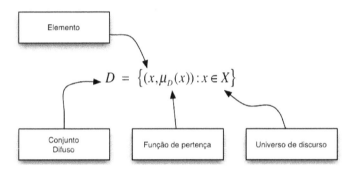

Figura 9.2: Conjunto difuso

9.2.3 Tipos de Funções de Pertença

As funções de pertença mais comuns são triangulares, trapezoidais e radiais e vamos apresentá-las de seguida. Um elemento pode apresentar graus de pertença maiores do que zero a vários conjuntos.

O grau de pertença de 0,4 não significa que o elemento ocorra com probabilidade 0,4. A soma dos graus de pertença a diversos conjuntos não é 1, pode ser menor, maior ou igual a 1.

Triangular

A função de pertença triangular, é uma função com três parâmetros definida por $\Lambda : X \to [0,1]$ representada na Figura 9.3:

Exemplo de aplicação de lógica difusa

Num problema de processamento de imagem seja C o conjunto dos objetos possíveis na imagem. Se o universo for constituído pelas seguintes imagens: camião, motociclo, barco, carro e casa, o conjunto difuso é:

$$C = \{(\text{camião}; 0, 5), (\text{motociclo}; 0, 4), (\text{barco}; 0, 3), (\text{carro}; 0, 2), (\text{casa}; 0, 1)\}$$

que pode também escrever-se assim:

$$C = \left\{ \frac{0,5}{\text{camião}}, \frac{0,4}{\text{motociclo}}, \frac{0,3}{\text{barco}}, \frac{0,2}{\text{carro}}, \frac{0,1}{\text{casa}} \right\}$$

A convenção para a notação do conjunto difuso C quando o Universo de Discurso é discreto e finito é dada por:

$$C = \left\{ \frac{\mu_C(x_1)}{x_1} + \ldots + \frac{\mu_C(x_n)}{x_n} \right\} = \left\{ \sum_{i=1}^{n} \frac{\mu_C(x_i)}{x_i} \right\} \tag{9.5}$$

$$\Lambda(x, \alpha, \beta, \gamma) = \begin{cases} 0 & x < \alpha \\ \frac{x-\alpha}{\beta-\alpha} & \alpha \leq x \leq \beta \\ \frac{\gamma-x}{\gamma-\beta} & \beta \leq x \leq \gamma \\ 0 & x > \gamma \end{cases} \tag{9.6}$$

Trapezoidal

A função de pertença trapezoidal, é uma função com quatro parâmetros definida por $\Pi : X \to [0, 1]$ representada na Figura 9.4:

$$\Pi(x, \alpha, \beta, \gamma, \delta) = \begin{cases} 0 & x < \alpha \\ \frac{x-\alpha}{\beta-\alpha} & \alpha \leq x \leq \beta \\ 1 & \beta \leq x \leq \gamma \\ \frac{\delta-x}{\delta-\gamma} & \gamma \leq x \leq \delta \\ 0 & x > \delta \end{cases} \tag{9.7}$$

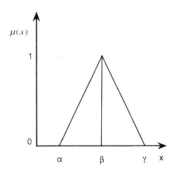

Figura 9.3: Função de pertença triangular

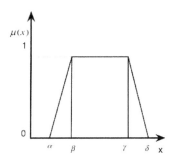

Figura 9.4: Função de pertença trapezoidal

Radial

A função de pertença radial é uma função com três parâmetros definida por $\Omega : X \to [0,1]$ representada na Figura 9.5:

$$\Omega(x, \alpha, \beta) = \exp\left\{-\frac{(x - \alpha)}{2\beta^2}\right\} \tag{9.8}$$

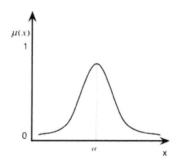

Figura 9.5: Função de pertença radial

Linear

A função de pertença linear, que já foi usada no exemplo do conjunto difuso que define uma pessoa alta, está novamente ilustrada na Figura 9.6 para um exemplo numérico simples.

A Fuzzy Toolbox do Matlab é uma das mais usadas e tem definidas várias funções de pertença, sendo a mais simples função triangular trimf. Para exemplificação apresentam-se na Figura 9.7 algumas destas funções.

9.2.4   Suporte de um Conjunto Difuso

O suporte S_A de um conjunto difuso A é formado pelos elementos do universo de discurso, tais que a sua função de pertença é maior do que zero:

$$S_A = \{x \in X | \mu_A(x) > 0\} \tag{9.9}$$

O suporte diz-se compato se o seu tamanho for menor do que o universo de discurso (ver Figura 9.8).

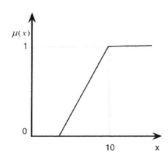

Figura 9.6: Função de pertença linear

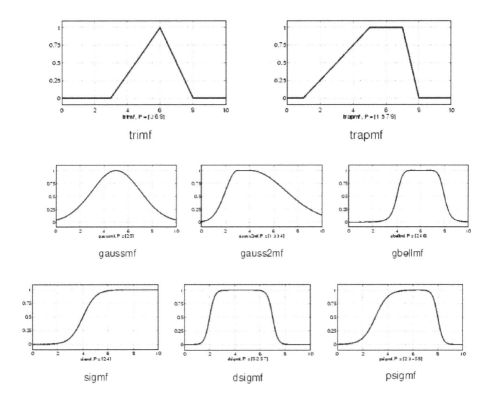

Figura 9.7: Funções de pertença da toolbox do Matlab

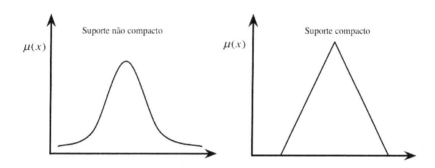

Figura 9.8: Suporte de um conjunto difuso

Conjunto Difuso Singleton

Um conjunto difuso A diz-se *singleton* se o seu suporte é um único ponto $x \in X$ tal que $\mu_A(x) = 1$.

Núcleo de um Conjunto Difuso

O núcleo de um conjunto difuso A é o conjunto de todos os pontos $x \in X$ tais que a sua função de pertença é igual a 1:

$$N_A = \{x \in X | \mu_A(x) = 1\} \tag{9.10}$$

Altura de um Conjunto Difuso

A altura H_A de um conjunto difuso A é definida por $H_A = max\{\mu_A(x)\}$, onde X é o universo de discurso. Um conjunto é definido como normal se $H_A = 1$ e é subnormal se $H_A < 1$.

Cardinalidade de um Conjunto Difuso

A cardinalidade de um conjunto difuso para universos X de discurso discreto ou contínuo é definida na Equação 9.11, respetivamente, pelas fórmulas à esquerda e à direita.

$$|A| = \sum_{x \in X} \mu_A(x) \quad , \quad |A| = \int_X \mu_A(x) dx \tag{9.11}$$

Exemplo - Cardinalidade de um conjunto difuso

Considere o seguinte conjunto

$$A = \{(6,5;0,25), (7;0,5), (7,5;0,75), (8;1), (8,5;0,75), (9;0,5), (9,5;0,25)\}$$

definido no universo das notas de 0 a 10 com intervalos de 0,5.
A cardinalidade de A é:

$$|A| = 0,25 + 0,5 + 0,75 + 1 + 0,75 + 0,5 + 0,25 = 4$$

9.2.5 Conjunto de Corte

O conjunto clássico A_α de elementos que pertencem ao conjunto difuso A pelo menos com o grau $\alpha \in [0,1]$ é chamado de conjunto de corte α sendo definido por $A_\alpha = \{x \in X | \mu_A(x) \geq \alpha\}$. Consideram-se ainda as seguintes definições:

$$\begin{aligned} A_\alpha &= \{x \in X | A(x) \geq \alpha\} \quad \text{Fraco} \\ A_{\alpha^+} &= \{x \in X | A(x) > \alpha\} \quad \text{Forte} \end{aligned} \tag{9.12}$$

Este conceito está representado na Figura 9.9, considerando:

$$\alpha_1 > \alpha_2 \rightarrow A_{\alpha_1} \subset A_{\alpha_2} \tag{9.13}$$

9.2.6 Variáveis e Termos Linguísticos

De acordo com a teoria dos conjuntos difusos, preconizada por Zadeh, uma variável linguística é uma variável cujos valores não são números, mas sim palavras ou expressões numa linguagem natural ou artificial. As variáveis linguísticas constituem o vocabulário da linguagem difusa, pois são expressões presentes na linguagem humana e que, quando são traduzidas ou interpretadas, podem levar a conclusões importantes. Exemplos de variáveis linguísticas podem ser a idade, altura, velocidade ou a temperatura.

Os valores possíveis de uma variável linguística designam-se por termos linguísticos. Assim, no caso da Figura 9.10, os valores possíveis da variável linguística temperatura serão: baixa, média e alta. Por sua vez, cada um dos termos linguísticos pode ser representado por um conjunto difuso.

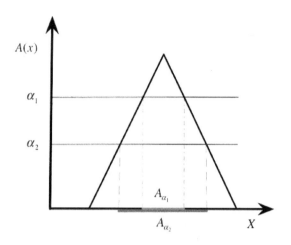

Figura 9.9: Conjunto de corte

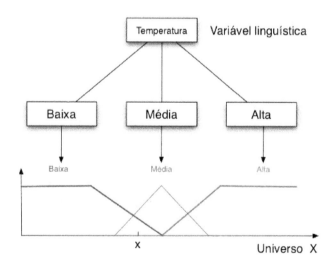

Figura 9.10: Variáveis linguísticas

9.2.7 Operações Lógicas sobre Conjuntos Difusos

Algumas das noções da teoria clássica de conjuntos podem ser estendidas aos conjuntos difusos. Sejam A e B conjuntos difusos definidos no universo X.

Dois conjuntos difusos são iguais sse, $\forall x \in X : \mu_A(x) = \mu_B(x)$

A é um subconjunto de B sse, $\forall x \in X : \mu_A(x) \leq \mu_B(x)$

Na teoria clássica de conjuntos a união, a intersecção e o complemento de conjuntos são operações simples que são definidas sem qualquer tipo de ambiguidade. No caso da teoria dos conjuntos difusos não é bem assim. Zadeh propôs as seguintes definições para as operações de união, intersecção e complemento de conjuntos difusos, também representados na Figura 9.11.

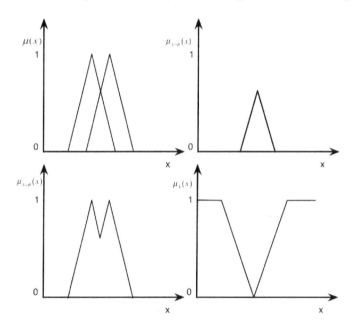

Figura 9.11: Operações lógicas sobre conjuntos difusos

- Interseção de conjuntos (norma T):

  $\forall x \in X : \mu_{A \cap B}(x) = min(\mu_A(x), \mu_B(x))$

- União de conjuntos (norma S):

  $\forall x \in X : \mu_{A \cup B}(x) = max(\mu_A(x), \mu_B(x))$

- Complemento de conjuntos (norma C):

$$\forall x \in X : \mu_{\overline{A}}(x) = 1 - \mu_A(x)$$

Exemplo

Duas possíveis tecnologias de implementação de um processador numérico são FPGA (*Field Programmable Gate Array*) e MSI (*Medium-Scalable Integration*). O universo de discurso da frequência de relógio em que um computador realiza as suas operações básicas é: $X = \{1, 10, 20, 40, 80, 100\}MHz$. Representando os dois conjuntos difusos FPGA = F e MSI = M obtêm-se os resultados:

$$\mu_F(x) = \{0, 3; 1; 1; 0, 5; 0, 2; 0\}$$
$$\mu_M(x) = \{1; 0, 7; 0, 4; 0; 0; 0\}$$
$$\mu_{\overline{F}}(x) = \{(1 - 0, 3); (1 - 1); (1 - 1); (1 - 0, 5); (1 - 0, 2); (1 - 0)\}$$
$$= \{0, 7; 0; 0; 0, 5; 0, 8; 1\} \tag{9.14}$$
$$\mu_{\overline{M}}(x) = \{(1 - 1); (1 - 0, 7); (1 - 0, 4); (1 - 0); (1 - 0); (1 - 0)\}$$
$$= \{0; 0, 3; 0; 0, 6; 1; 1\}$$

9.3 Computação com Regras IF...THEN

O conhecimento pode ser visto como uma coleção de proposições numa linguagem, por exemplo:

Proposição básica: O (atributo) do (objeto) é (valor)

No caso de proposições condicionais que compreendem a lógica difusa usam-se as regras IF...THEN. As regras assumem a seguinte forma:

Proposição condicional: IF x é A AND y é B THEN z é C

Ex: IF céu é cinzento AND vento é forte THEN chuva é muita

A interpretação das regras IF...THEN consta de duas partes distintas: primeiro, calcula-se o antecedente que involve a chamada **fuzificação da entrada** e depois aplicam-se **os operadores difusos (ex: AND)**; segundo, aplica-se esse resultado ao consequente que involve a chamada **implicação**.

Veremos a seguir com mais pormenor a construção das regras com proposições difusas.

9.3.1 Proposições Difusas

Com base na noção de proposições atómicas difusas e nas conectivas ou ligações linguísticas e, ou, não e Se-então, podem construir-se proposições difusas mais complexas designadas por proposições difusas compostas. Pode-se ter por exemplo:

$$X \text{ é } A \text{ ou } X \text{ é } B$$
$$X \text{ não é } A$$
$$(X \text{ é } A \text{ e } X \text{ não é } B) \text{ ou } X \text{ é } C$$

O significado destas proposições difusas compostas é dado pela interpretação das conectivas **e**, **ou** e **não** que são, respetivamente conjunção, disjunção e negação. O significado da conjunção e disjunção é definido respetivamente pelas norma-T e norma-S. O significado da negação (ou complemento) é definido pela norma-C. Uma proposição condicional difusa ou uma regra **Se-então** é expressa simbolicamente por:

$$\text{Se } X \text{ é } A \text{ então } X \text{ é } B$$

9.3.2 Significado das Regras

Considere-se a seguinte forma canónica: Se X é A então Y é B. O significado desta expressão é representado como uma relação difusa em $X \times Y$ em que X e Y são os domínios das variáveis linguísticas X e Y.

- X é A é denominado antecedente da regra

- Y é B é denominado consequente da regra

- A expressão **então**, é uma implicação, $p \Rightarrow q$, que em lógica clássica tem o mesmo valor de $\neg p \vee q$ e $(p \wedge q) \vee \neg q$.

Exemplos:

p: Se X_1 é A_1 e ... e X_1 é A_n então Y_1 é B_1 e Y_2 é A_2 e ... e Y_m é A_m

q: Se X_1 é A_1 ou ... ou X_1 é A_n então Y_1 é B_1 ou Y_2 é A_2 ou ... ou Y_m é A_m

$A_1, A_2, \ldots, A_n$ são conjuntos difusos em $X_1, X_2, \ldots, X_n$

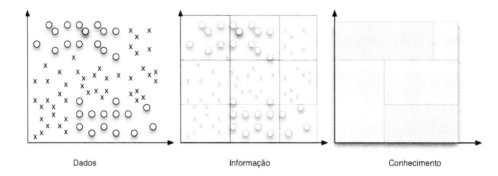

Figura 9.12: Computação com regras: Dados, Informação, Conhecimento

$B_1, B_2, \ldots, B_m$ são conjuntos difusos em $Y_1, Y_2, \ldots, Y_m$

A Figura 9.12 mostra a representação do conhecimento por regras do conjunto de treino

9.3.3   Iris

Vamos abordar a classificação do exemplo das flores Iris disponível no ficheiro "iris.arff" do Weka e já descrito inicialmente no Capítulo 3.

Depois de escolher o exemplo, no Explorer comecemos por escolher nos classificadores a opção SimpleFuzzyGrid. Seguidamente temos de efetuar a partição das variáveis de entrada. Neste caso, como dispomos dos atributos comprimento e largura da sépala e comprimento e largura da pétala, consideramos 3 conjuntos difusos.

A Figura 9.13 apresenta a computação com regras no exemplo Iris.

A Figura 9.14 ilustra os resultados na matriz de confusão em que o sistema de regras acerta nas espécies Iris-Setosa e Iris-Versicolor enquanto a espécie Iris-Virginica apresenta 39 positivos e 11 falsos negativos. Desta forma, a acurácia resultante obtida é de 92,8%.

A Figura 9.15 apresenta a grelha de computação das regras bem como a visualização do classificador difuso.

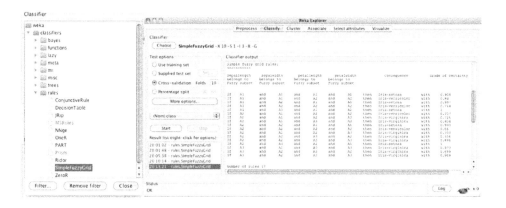

Figura 9.13: Computação com regras no exemplo Iris

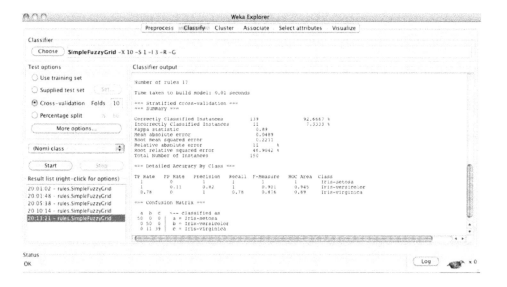

Figura 9.14: Resultados da classificação difusa no exemplo Iris

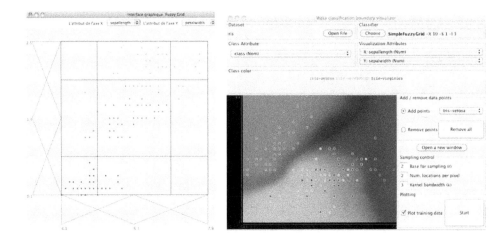

Figura 9.15: Visualização de regras no exemplo Iris

9.4   Sistemas de Inferência Difusos

Os sistemas de inferência difusos (FIS – *Fuzzy Inference Systems*) têm vindo a ser aplicados com sucesso nas áreas de: classificação de dados, análise de decisão, sistemas periciais, controlo automático e visão computacional. O Sistema de Inferência (SI) consiste no mapeamento de uma dada entrada numa saída usando a Lógica Difusa tal como se ilustra na Figura 9.16. No fundo, trata-se de construir um sistema baseado em raciocínio aproximado para resolver um dado problema.

Para tal, necessitamos de uma base de regras difusas que é uma coleção de associações difusas que cobre um domínio de interesse. Para uma dada entrada, a base de regras pode ter mais de uma regra simultaneamente ativa com diferentes graus de ativação. Para obtermos o resultado final do sistema de inferência, as saídas dos conjuntos difusos de todas as regras são agregadas levando a um único valor de saída do conjunto. Uma forma natural de agregar as saídas é a união dos conjuntos difusos; outra forma possível é a média pontual das funções de pertença.

Um dos tipos de inferência principais é o de Mamdani embora existam outros como se verá adiante. Diferem geralmente na forma como é calculada a saída. No sistema de inferência de Mamdani as saídas são conjuntos difusos

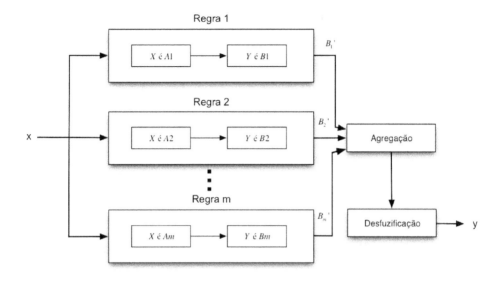

Figura 9.16: Sistema de inferência difusa

que necessitam da desfuzificação dessas variáveis. Noutros tipos de sistemas de inferência as variáveis de saída são ou constantes, ou funções lineares. Existem 5 fases no processo de sistemas difusos:

Passo 1: Fuzificação das variáveis de entrada

Passo 2: Aplicação dos Operadores Difusos (AND, OR) no Antecedente

Passo 3: Implicação do Antecedente sobre o Consequente

Passo 4: Agregação das Regras

Passo 5: Desfuzificação (no caso de Mamdani)

A fuzificação é a primeira etapa dos sistemas difusos e corresponde à análise do problema e à transformação dos dados para variáveis linguísticas. É de extrema importância que todos os dados de imprecisão e certeza sejam considerados e transformados em variáveis linguísticas. Após esta transformação são determinadas as funções de presença. Na etapa seguinte são criadas as regras ou proposições através da associação das variáveis já criadas. As regras podem ser condicionais ou não condicionais. A implicação do antecedente sobre o consequente é uma etapa que é determinante no sucesso do sistema de inferência. Na etapa seguinte, de agregação, define-se a validade de uma regra, sendo a composição que define o resultado obtido após inferência. Finalmente, a desfuzificação consiste na etapa em que os valores difusos são convertidos em números reais tendo assim um conjunto de saída matematicamente definido. Existem vários métodos para a desfuzificação como se verá mais adiante.

9.4.1 Fuzificação

A Figura 9.17 ilustra o processo de fuzificação aplicado ao antecedente das regras difusas num problema de avaliação do estado da temperatura da água. A fuzificação do valor da temperatura de 35 graus permite obter um grau de pertença de 0,68 ao estado quente e de 0,35 ao estado normal.

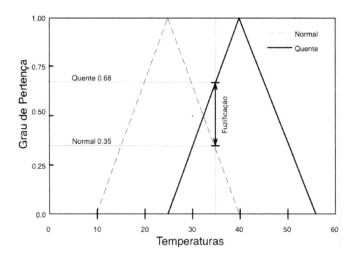

Figura 9.17: Exemplo de fuzificação

A Tabela 9.1 e a Figura 9.18 ilustram o processo de fuzificação em relação aos consequentes num contexto diferente de pessoas de ambos os sexos em que se considera a idade com valores compreendidos entre os 30 e os 50 anos e a altura com valores superiores a 1,70m. Pode verificar-se que a intersecção de Meia Idade e de Altos é obtida após a aplicação da operação intersecção sobre conjuntos difusos, definida pela norma T (ver Secção 9.2.7). Esta norma estabelece para o conjunto difuso, o mínimo das funções de pertença. Por exemplo, na primeira linha da tabela é encontrado para Alberto o $min\{0,4; 0,8\}$, ou seja, 0,4 para o conjunto difuso Meia Idade e Altos, registado na sexta coluna da Tabela 9.1 (Fase 2: Aplicação dos operadores difusos).

Tabela 9.1: Resposta difusa

Nome	Idade	μ	Altura	μ	Meia Idade e Altos
Alberto	46	0,4	1,78	0,8	0,4
Joana	25	0,0	1,75	0,6	0,0
Luís	40	1,0	1,69	0,0	0,0
Jorge	42	0,8	1,74	0,4	0,4
Pedro	41	0,7	1,67	0,0	0,0
Sara	36	0,6	1,71	0,1	0,1

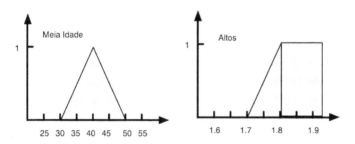

Figura 9.18: Definição difusa para as classes

9.4.2   Mecanismo de Inferência

O mecanismo de inferência tem por objetivo calcular o valor difuso global da saída do sistema. Este mecanismo engloba o Passo 2 e o Passo 3, definidos acima. Vamos de seguida indicar dois métodos de inferência muito utilizados em sistemas de engenharia: método de inferência de Mamdani e método de inferência de Larsen. Ambos permitem operações sobre proposições difusas, realizando a inferência do sistema.

Método de Inferência de Mamdani

A inferência de Mamdani é realizada com base na conjunção difusa definida por:

$$f_M : [0,1]^2 \to [0,1]; f_M(A(x), B(y)) = A(x) \wedge B(y), \ \forall(x,y) \ X \times Y \quad (9.15)$$

A Figura 9.19 ilustra a inferência de Mamdani segundo a conjunção difusa para as regras seguintes.

$$\text{Regra i: Se } X \text{ é } A_i \text{ e } Y \text{ é } B_i \text{ então } Z \text{ é } C_i \quad\quad (9.16)$$

$$\text{Regra j: Se } X \text{ é } A_j \text{ e } Y \text{ é } B_j \text{ então } Z \text{ é } C_j \quad\quad (9.17)$$

Método de Inferência de Larsen

A inferência de Larsen é realizada com base na operação definida por:

$$f_L : [0,1]^2 \to [0,1]; \ f_L(A(x), B(y)) = A(x).B(y), \ \forall(x,y) \ X \times Y \quad (9.18)$$

A Figura 9.20 ilustra a inferência de Larsen segundo a operação difusa para as regras das Equações 9.16 e 9.17.

9.4.3   Método Máximo dos Mínimos

O método do máximo dos mínimos ilustrado na Figura 9.21 ilustra o Passo 4, correspondente à agregação das regras. O mínimo dos graus de pertença dos antecedentes define a força ou nível de ativação de cada regra. A consistência de um conjunto de regras dá-se quando as regras que ativam simultaneamente têm consequentes "não-contraditórios".

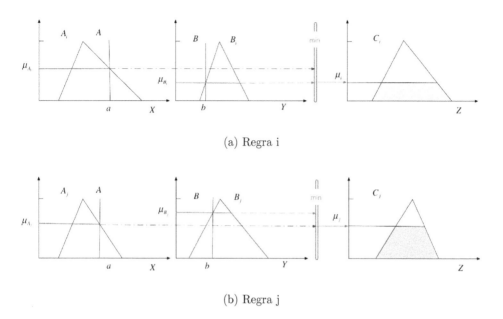

(a) Regra i

(b) Regra j

Figura 9.19: Inferência: Método de Mamdani

9.4.4 Desfuzificação

A desfuzificação é o processo de seleção de um valor de saída de um conjunto difuso. Traduz-se na conversão de uma quantidade difusa imprecisa numa quantidade crespa (ou precisa). Pode usar três mecanismos básicos:

- Método do centro de gravidade

- Método dos máximos

- Método da altura

O resultado da inferência de um conjunto de regras difusas é a união de conjuntos difusos definidos no universo da saída. Vamos apresentar de seguida os métodos de desfuzificação.

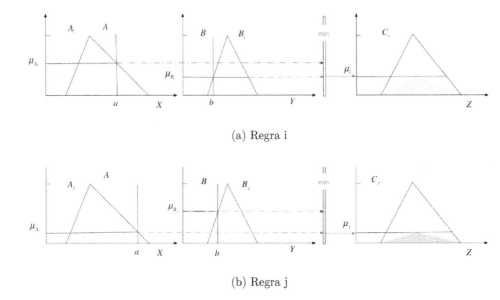

(a) Regra i

(b) Regra j

Figura 9.20: Inferência: Método de Larsen

Método do Centro de Gravidade

O método do centro de gravidade ou centro de massa permite encontrar um valor de equilíbrio de uma propriedade como, por exemplo, a área pesada de cada conjunto difuso. A Figura 9.22 ilustra este método. Aplica-se a funções de pertença simétricas.

$$z = \frac{\sum_{i=1}^{n} z_i C(z_i)}{\sum_{i=1}^{n} C(z_i)} \quad z = [z_1 \dots z_n], C = \cup_{k=1}^{N} C_k \qquad (9.19)$$

Método dos Máximos

O método dos máximos ilustrado na Figura 9.23 aplica-se quando o máximo não é único, mas sim um patamar.

Método da Altura

A Figura 9.24 ilustra o método da altura que utiliza as funções de pertença dos conjuntos difusos multiplicadas pelas respetivas alturas.

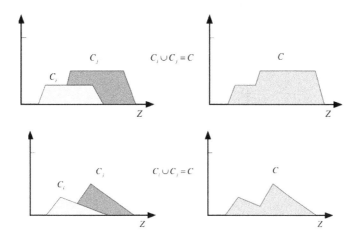

Figura 9.21: Método máximo dos mínimos

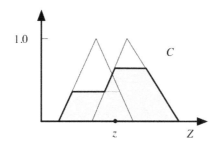

Figura 9.22: Método do centro de gravidade

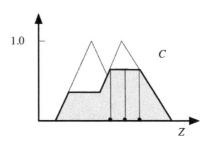

Figura 9.23: Método dos máximos

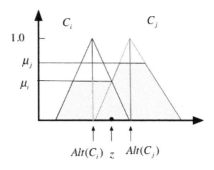

Figura 9.24: Método da altura

$$z = \frac{\sum_{k=1}^{N'} \mu_k Alt(C_k)}{\sum_{k=1}^{N'} Alt(C_k)}, \ N' \text{ é o número de regras ativas} \qquad (9.20)$$

9.5 Implementação de Sistemas de Inferência Difusos

Vamos exemplificar a implementação de um sistema de inferência difuso com um problema muito simples, o problema da gorjeta, usando a *toolbox* de sistemas difusos do Matlab.

Dado um número entre 0 e 10 que representa a qualidade de serviço num restaurante (em que 10 é excelente), qual deveria ser a gorjeta atribuída ao empregado?

Assume-se que uma gorjeta média é cerca de 15%, uma gorjeta boa é de 25% e uma gorjeta fraca é de 5%.

9.5.1 Abordagem Convencional

O código para resolver este problema usando o Matlab poderia ser, por exemplo:

```
%Establish constants
lowTip=0.05; averTip=0.15; highTip=0.25;
tipRange=highTip{lowTip;
badService=0; okayService=3;
goodService=7; greatService=10;
serviceRange=greatService{badService;
badFood=0; greatFood=10;
foodRange=greatFood{badFood;
%
% If service is poor or food is rancid, tip is cheap
if service<okayService,
tip=(((averTip{lowTip)/(okayService{badService)) ...
*service+lowTip)*servRatio + ...
(1{servRatio)*(tipRange/foodRange*food+lowTip);
%
% If service is good, tip is average
```

```
elseif service<goodService,
tip=averTip*servRatio + (1{servRatio)* ...
(tipRange/foodRange*food+lowTip);
%
% If service is excellent or food is delicious, tip is generous
else,
tip=(((highTip{averTip)/ ...
(greatService{goodService))* ...
(service{goodService)+averTip)*servRatio + ...
(1{servRatio)*(tipRange/foodRange*food+lowTip);
end
```

Torna-se evidente que existe uma tendência para tornar o algoritmo cada vez mais opaco e obscuro à medida que tentamos generalizar.

9.5.2 Abordagem Difusa

Podemos escrever um conjunto de regras que descrevem o problema.

1. If service is poor, then tip is cheap

2. If service is good, then tip is average

3. If service is excellent, then tip is generous

A ordem pela qual as regras são escritas é arbitrária. Porém se quisermos incluir o efeito da comida na gorjeta, podemos adicionar mais duas regras:

4. If food is rancid, then tip is cheap

5. If food is delicious, then tip is generous

Podemos combinar as duas listas anteriores de regras resultando em 3 regras na Base de Regras:

1. If service is poor or the food is rancid, then tip is cheap

2. If service is good, then tip is average

3. If service is excellent or food is delicious, then tip is generous

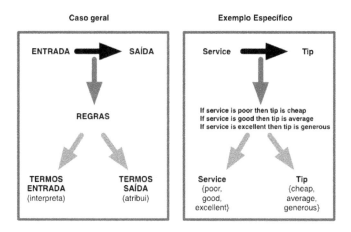

Figura 9.25: Caso geral e exemplo específico do sistema de inferência

A Figura 9.25 apresenta um diagrama ilustrativo da solução de um problema geral por uma abordagem difusa e do exemplo da atribuição de gorjeta num restaurante.

Se dermos agora significado matemático às variáveis linguísticas (o que é uma gorjeta *"average"*, por exemplo) podemos desenhar um sistema de inferência completo. Apesar de não terem sido dados pormenores quanto aos passos de resolução do sistema de inferência, a Figura 9.26 apresenta o sistema difuso que resolve este problema.

9.5.3 Construção do Sistema de Inferência

Retomemos o problema da Gorjeta. A Base de Regras poderá ser:

1. If service is poor or the food is rancid, then tip is cheap

2. If service is good, then tip is average

3. If service is excellent or food is delicious, then tip is generous

Passo 1: **Fuzificação das entradas** Antes que as regras possam ser aplicadas as entradas necessitam de ser fuzificadas de acordo com os conjuntos linguísticos em questão.

Passo 2: **Aplicação do Operador Difuso** Após as entradas terem sido fuzificadas sabemos o grau de satisfação da regra para o antecedente. Caso o antecedente tenha várias partes aplica-se o Operador Difuso para saber-se com que grau essa regra dispara. A Fuzzy Toolbox do Matlab suporta dois métodos para o AND: min (mínimo) e o prod (produto). Da mesma forma para o operador OR: max (máximo) e probor (OR probabilístico).

Passo 3: **Implicação** Antes de aplicar o método de implicação temos de saber o peso da regra (entre 0 e 1). O método de implicação permite a determinação do consequente: um conjunto difuso caracterizado por uma função de pertença.

Passo 4: **Agregação** A agregação é a combinação dos conjuntos difusos que representam a saída de todas as regras, dando origem a um único conjunto difuso.

Passo 5: **Desfuzificação** A entrada para a desfuzificação é um conjunto difuso, resultante da agregação das regras; a saída é um número. Neste capítulo vimos três métodos para a desfuzificação: método do centro de gravidade, método dos máximos e método da altura.

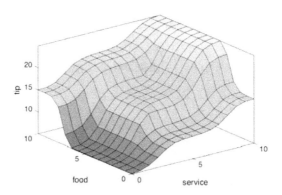

Figura 9.26: Sistema de inferência de gorjeta num restaurante

9.5.4 Visualização do Sistema de Inferência

A Figura 9.27 apresenta um diagrama de um sistema de inferência, ilustrando as várias fases de implementação.

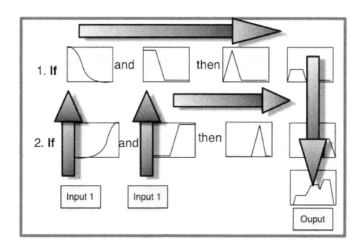

Figura 9.27: Diagrama de inferência difusa

9.6 Utilização do Matlab

Para utilizar a interface gráfica basta usar o comando fuzzy. Um exemplo incluído é o exemplo da Gorjeta, que se invoca com o comando "fuzzy tipper".

Vamos ver o sistema de inferência relativo ao problema da Gorjeta usando a GUI (Graphical User Interface) que vem com a Fuzzy Toolbox do MATLAB. A estrutura do FIS (Fuzzy Inference System) do Matlab é ilustrada na Figura 9.28.

Na Secção 9.9 vamos examinar este exemplo com detalhe, no desafio 1.

9.7 Vantagens dos Sistemas Difusos

Um dos aspetos fulcrais da metodologia dos sistemas difusos é que se centra no que o sistema deve fazer em vez de tentar construir um modelo de como

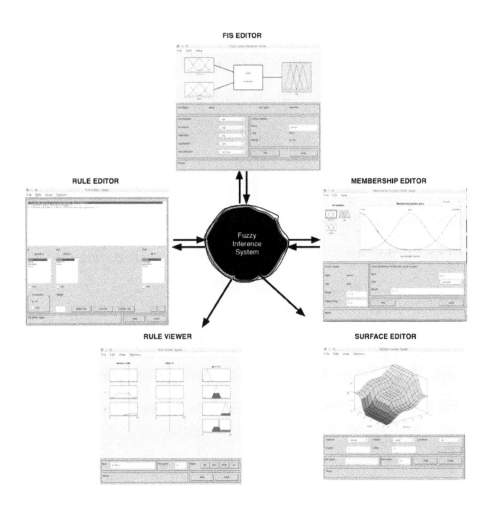

Figura 9.28: Componentes da interface do Matlab

funciona. Assenta no conhecimento a priori do sistema para a formulação das funções de pertença, da base de regras, e do método de desfuzificação. A Figura 9.29 ilustra um esquema geral de um sistema difuso em engenharia.

Trata-se de uma abordagem adequada quando a complexidade do modelo matemático é elevada tornando onerosa a sua construção.

As vantagens da utilização de sistemas difusos passam pelo raciocínio aproximado, facilidade de lidar com a imprecisão e incerteza, a simplicidade na representação do conhecimento, a capacidade de interpretação e o baixo custo de desenvolvimento, em particular, em sistemas onde compete com outras abordagens da aprendizagem computacional.

No entanto, a dificuldade de escalabilidade quando o número de regras cresce e elevado custo de manutenção são algumas das desvantagens dos sistemas difusos. Para além destes aspetos, o ajustamento das funções de pertença e a adequação à realidade do processo de desfuzificação podem representar dificuldades adicionais.

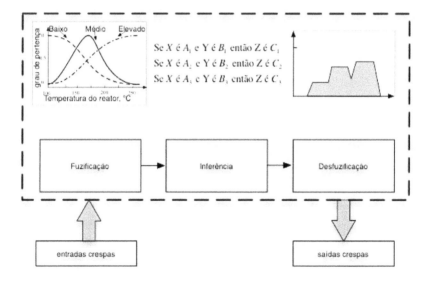

Figura 9.29: Esqurema geral de um sistema difuso

À medida que a complexidade aumenta, definir regras torna-se cada vez mais difícil. Um problema ainda em aberto é determinar qual o número de regras que satisfaz adequadamente um determinado problema. Além disso, ajustar as funções de pertença e regras com os dados disponíveis pode tornar-se muito dispendioso em termos de tempo. De facto, a partir de 20 regras o custo do desenvolvimento e manutenção do sistema é muito elevado. Um outro aspeto a ter em consideração é a natureza heurística dos algoritmos de desfuzificação e avaliação das regras. Em geral, não se conseguem heurísticas razoáveis para condições de operação às vezes próximas das definições das regras, ocasionando uma fraca generalização.

9.8 Aplicações

Devido à adaptabilidade e proximidade com problemas do mundo real os sistemas difusos tiveram uma grande expansão na década de oitenta do século passado em aplicações de engenharia tendo o Japão como um dos principais locais de crescimento. A força propulsora desta tecnologia desenvolveu-se vertiginosamente dando origem a aplicações em áreas tão diversas como, por exemplo, controlo industrial, análise de risco, controlo de stocks, automação industrial, entre outras.

O sucesso destas aplicações é devido à capacidade da lógica difusa de retratar a lógica humana na resolução de problemas. De facto, quando um problema apresenta um grande grau de incerteza elevado é necessário que para a sua solução se utilize um modelo matemático que contemple essa especificidade e não se descurem aspetos que possam ser ignorados pela aplicação de lógicas tradicionais.

Como é amplamente reconhecido, para esses casos, a lógica difusa permite construir modelos capazes de combinar a imprecisão e o poder computacional das máquinas produzindo assim sistemas de respostas inteligentes. Alguns produtos comerciais incluem as seguintes aplicações:

- Metro Sendai: controlo do metro com 16 estações e 13.5 km de linhas, desenvolvido pela Hitachi

- Máquinas de lavar roupa: controlo do peso e sujidade para avaliar programa de lavagem

- Máquinas de filmar: controlo da qualidade da imagem por comparação de imagens para eliminar imagens desfocadas

- Aspiradores de pó: controlo da potência de sucção, medindo a quantidade de pó

- Fornos de micro-ondas: controlo do tempo, medindo temperatura, humidade e forma dos alimentos

- Ar condicionado: controlo da temperatura do ar para conjugar preferências dos utilizadores

- Sistemas ABS: controlo dos travões dos automóveis, medindo o deslizamento das rodas e o atrito

- Hitachi: sistema de regras para negociar em mercados financeiros

9.9 Desafios Para o Leitor Interessado

1. Exemplo do problema das gorjetas usando o comando fuzzy tipper do Matlab seguindo os seguintes passos:

   (a) Examine as funções de pertença correspondentes às variáveis de entrada service e food; (No menu Edit, selecione Membership Functions ou selecione diretamente a variável a partir do FIS editor).

   (b) Examine as funções de pertença correspondentes à variável de saída do sistema da gorjeta.

   (c) Examine as regras do sistema usando o Rule Editor. Seleccione no FIS editor a opção Edit e seguidamente Rules. Aparecerá no ecrã o Rule Viewer com as regras do sistema.

   (d) No FIS editor, selecione agora a opção View e seguidamente Rules.

      i. Examine o Rule Viewer que nos dá um roadmap de todo o sistema de inferência. Observe que cada linha de gráficos corresponde a uma regra; cada coluna corresponde a uma variável. As duas primeiras colunas correspondem às funções de pertença do antecedente das regras, enquanto a última às funções de pertença do consequente.

      ii. Analise agora na quarta linha, terceira coluna, o gráfico que corresponde à decisão para este sistema de inferência, ou seja, à agregação das regras.

      iii. Modifique os valores de entrada (service e food) e observe a saída do sistema; Tenha em atenção os seguintes pontos:

Fuzificação; Aplicação dos Operadores Difusos; Implicação; Agregação; Desfuzificação

(e) Qual a Gorjeta a dar ao funcionário para as seguintes entradas: service = 2; food = 8. Explique o sistema de inferência de Mamdani no caso anterior.

2. Considere a Figura 9.30 onde são representadas quatro variáveis térmicas relativas a uma análise sobre temperatura de conforto: frio, conforto, relativamente quente e quente. Efetue a sua representação num único gráfico verificando o limite difuso entre as variáveis linguísticas.

3. Construa um sistema difuso de regras para o problema da classificação de animais apresentado no Capítulo 3. Utilize o conjunto de dados que está disponível no ficheiro BOOK_animais.arff.

4. No exemplo da cardinalidade de um conjunto difuso (Secção 9.2.4) suponha que, para além das tecnologias de frequência de relógio FPGA e MSI, se dispõe da tecnologia MCM (*"MultiChip Modules"*). Com a ajuda da Tabela 9.2 indique o resultado das seguintes operações representando os 3 conjuntos por: MSI = M, FPGA = F e MCM = C:

   (a) $C \cup F$
   (b) $M \cap \overline{C}$
   (c) $\overline{C} \cap F$
   (d) $\overline{M} \cap C$
   (e) $\overline{F} \cap F$

5. Na área da fotografia, o tempo de exposição e o tempo de revelação do negativo são dois dos fatores que afectam o resultado final. Sejam A = { tempo de exposição do filme } e B = { tempo de revelação do filme } dois conjuntos difusos. A densidade relativa, ou densidade do negativo, é indicada para ambos os conjuntos na Figura 9.31. Como se ilustra, as duas variáveis, tempo de exposição e tempo de revelação do filme, complementam-se para determinar a densidade do negativo. Isto significa que se o negativo for exposto durante um tempo mais curto, o filme pode ser revelado durante mais tempo. Determine graficamente:

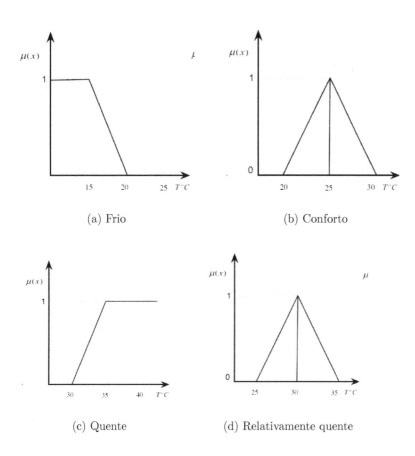

(a) Frio   (b) Conforto

(c) Quente   (d) Relativamente quente

Figura 9.30: Função de pertença da temperatura de conforto

(a) $A \cup B$

(b) $A \cap B$

(c) $\overline{A} \cup B$

(d) $A \cap \overline{B}$

6. A velocidade de rotação de um motor hidráulico é um parâmetro crítico dado que controla o volume de fluido deslocado. Um problema típico no seu controlo é que as cargas podem variar segundo as circunstâncias.

Tabela 9.2: Capacidade de operacionalidade das três tecnologias

Frequência Relógio (MHz)	FPGA	MSI	MCM
1	0,3	1	0
10	1	0,7	0
20	1	0,4	0,5
40	0,5	0	0,7
80	0,3	0	1
100	0	0	1

Defina a carga e a velocidade de rotação do motor hidráulico como dois conjuntos difusos de acordo com as funções de pertença ilustradas na Figura 9.32.

Assuma que a carga do motor tem influência na velocidade, isto é, quando a carga aumenta a velocidade do motor diminui e vice-versa. Determine graficamente:

(a) $C \cup V$

(b) $C \cap V$

(c) $\overline{C} \cup V$

(d) $C \cap \overline{V}$

7. Construa um sistema de inferência difuso que implemente o Piloto Automático de um automóvel (Figura 9.33). O Piloto Automático é um sistema computacional que indica aos sensores quais as ações a tomar. Usando a velocidade do veículo, a rotação e potência do motor, e o momento, o sistema de inferência permite determinar qual a mudança adequada a transmitir ao automóvel. Escreva um conjunto de regras capazes de representar o conhecimento e a experiência de um condutor ao volante para a implementação do Piloto Automático.

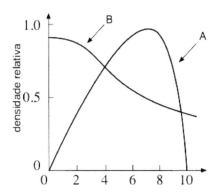

Figura 9.31: Funções de pertença dos tempos de exposição e revelação do filme

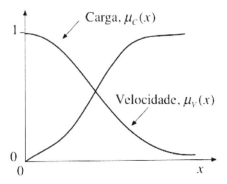

Figura 9.32: Funções de pertença carga e velocidade do motor

Figura 9.33: Piloto automático

9.10   Resolução de Alguns Desafios

1. Vamos dar algumas pistas de como resolver o problema do desafio 1:

   ```
   ≫  a= readfis('tipper.fis')
   ```
   Obtém do MATLAB:
   ```
   >> a=readfis('tipper.fis')
   a =
   name:  'tipper'
   type:  'mamdani'
   andMethod:  'min'
   orMethod:  'max'
   defuzzMethod:  'centroid'
   impMethod:  'min'
   aggMethod:  'max'
   input:  [1x2 struct]
   output:  [1x1 struct]
   rule:  [1x3 struct]
   ```
   Pode construir o sistema completamente a partir da sintaxe do MATLAB:
   ```
   a=newfis('tipper');
   a.input(1).name='service';
   a.input(1).range=[0 10];
   a.input(1).mf(1).name='poor';
   a.input(1).mf(1).type='gaussmf';
   a.input(1).mf(1).params=[1.5 0];
   a.input(1).mf(2).name='good';
   ```

```
a.input(1).mf(2).type='gaussmf';
a.input(1).mf(2).params=[1.5 5];
a.input(1).mf(3).name='excellent';
a.input(1).mf(3).type='gaussmf';
a.input(1).mf(3).params=[1.5 10];
a.input(2).name='food';
a.input(2).range=[0 10];
a.input(2).mf(1).name='rancid';
a.input(2).mf(1).type='trapmf';
a.input(2).mf(1).params=[-2 0 1 3];
a.input(2).mf(2).name='delicious';
a.input(2).mf(2).type='trapmf';
a.input(2).mf(2).params=[7 9 10 12];
a.output(1).name='tip';
a.output(1).range=[0 30];
a.output(1).mf(1).name='cheap';
a.output(1).mf(1).type='trimf';
a.output(1).mf(1).params=[0 5 10];
a.output(1).mf(2).name='average';
a.output(1).mf(2).type='trimf';
a.output(1).mf(2).params=[10 15 20];
a.output(1).mf(3).name='generous';
a.output(1).mf(3).type='trimf';
a.output(1).mf(3).params=[20 25 30];
a.rule(1).antecedent=[1 1];
a.rule(1).consequent=[1];
a.rule(1).weight=1;
a.rule(1).connection=2;
a.rule(2).antecedent=[2 0];
a.rule(2).consequent=[2];
a.rule(2).weight=1;
a.rule(2).connection=1;
a.rule(3).antecedent=[3 2];
a.rule(3).consequent=[3];
a.rule(3).weight=1;
a.rule(3).connection=2;
```

Pode construir o sistema de inferência utilizando as funções implementadas na Fuzzy Logic Toolbox (Fuzzy Logic Toolbox commands):

```
a=newfis('tipper');
a=addmf(a,'input',1,'service',[0 10]);
a=addmf(a,'input',1,'poor','gaussmf',[1.5 0]);
a=addmf(a,'input',1,'good','gaussmf',[1.5 5]);
a=addmf(a,'input',1,'excellent','gaussmf',[1.5 10]);
a=addvar(a,'input','food',[0 10]);
a=addmf(a,'input',2,'rancid','trapmf',[-2 0 1 3]);
a=addmf(a,'input',2,'delicious','trapmf',[7 9 10 12]);
a=addvar(a,'output','tip',[0 30]);
a=addmf(a,'output',1,'cheap','trimf',[0 5 10]);
a=addmf(a,'output',1,'average','trimf',[10 15 20]);
a=addmf(a,'output',1,'generous','trimf',[20 25 30]);
ruleList=[ ...
1 1 1 1 2
2 0 2 1 1
3 2 3 1 2 ];
a=addrule(a,ruleList);
```

7. Vamos resolver o desafio da construção do piloto automático de um automóvel. Para além das vantagens inerentes à diminuição do cansaço do condutor, em situações de fadiga ou tédio, particularmente em viagens longas, o Piloto Automático é ainda usado em situações que requerem reações mais rápidas ou um controlo mais preciso daquele que o condutor é fisicamente capaz de realizar.

Vamos considerar para a resolução o modelo básico do sistema automático de transmissão que está ilustrado na Figura 9.34. As quatro unidades de entrada para a unidade de inferência são sinais sensoriais que detectam variações na direção do veículo ou velocidade. Os sensores respondem enviando sinais, ou eléctricos ou mecânicos (tais como variações na pressão do óleo), ao servomecanismo do veículo. Os sinais são então convertidos em forças que acionam alavancas ou dispositivos ligados ao controlo do automóvel. O Piloto Automático é um sistema computacional que indica aos sensores quais as ações a tomar. Usando a velocidade do veículo, a rotação e potência do motor, e o momento, o sistema de inferência determina qual a mudança adequada a transmitir ao automóvel.

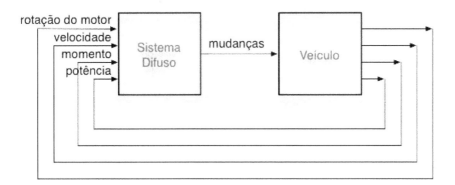

Figura 9.34: Modelo de transmissão automática

Definição das Variáveis de Entrada/Saída

Para criar um sistema de inferência, precisamos de definir os valores linguísticos das variáveis de entrada e de saída. A Figura 9.35 ilustra esses valores para as variáveis de entrada. A variável de saída, ilustrada na Figura 9.36 (mudanças) usa funções de pertença *singletons*.

Regras

Usando os valores linguísticos definidos, podemos escrever um conjunto de regras para a unidade de inferência anterior. As regras incorporam conhecimento de base para o apoio à decisão. Por exemplo, considere a seguinte regra:

Se momento é Low e velocidade_veículo é Low e rotação_motor é Low e potência_motor é High então mudança é No_1.

Podemos escrever um conjunto de regras de forma a representar as diferentes situações encontradas na transmissão de potência às rodas. A totalidade de tais regras constitui a unidade de inferência difusa para a seleção automática de mudança adequada à condução do automóvel.

Sistema de Inferência Difuso

Foi implementado em Simulink um modelo de um automóvel (Opel Corsa 1.2 55kW/75hp) que se apresenta na Figura 9.37 com um conjunto de parâmetros:

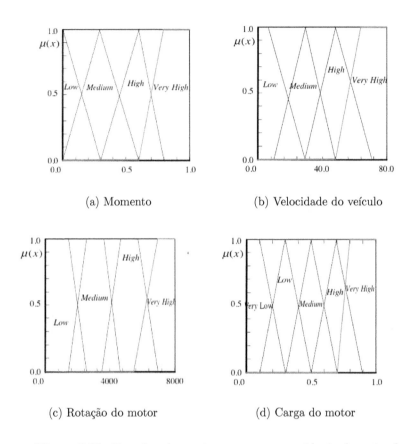

(a) Momento   (b) Velocidade do veículo

(c) Rotação do motor   (d) Carga do motor

Figura 9.35: Funções de pertença para as variáveis de entrada

1. Gear ratios: 1st: 3.73 2nd: 2.14 3rd: 1.41 4th: 1.12 5th: 0.89

2. Max. torque (Nm at 1/min): 110 at 4000

3. Final drive ratio: 3.74

4. Rim width (inch)(mm)/tire size: 5JX13/155/80 R 13 T

5. Top speed (km/h): 170

6. Acceleration 0-100 km/h (sec): 13

7. Acc. 80-120 km/h in 5th gear (sec): 18.5

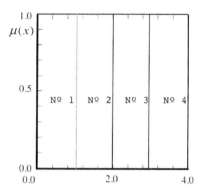

Figura 9.36: Funções de pertença das mudanças

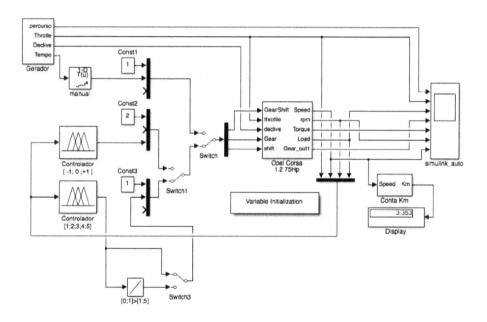

Figura 9.37: Modelo de um automóvel Opel Corsa 1.2 55kW/75hp em Simulink

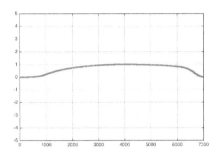

Figura 9.38: Curva binário-potência

Alguns foram determinados por tentativa e erro para obter uma curva de binário/potência que se ilustra na Figura 9.38. O Sistema de Inferência Difuso para o Piloto Automático de um automóvel vai ser construído com o Sistema de Inferência do MATLAB (FIS) (Figura 9.39).

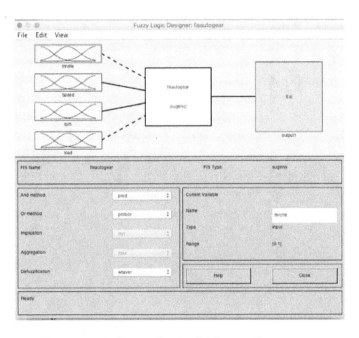

Figura 9.39: Fuzzy Logic Designer: fisautogear

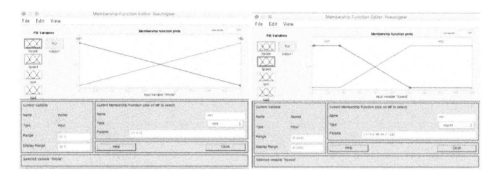

Figura 9.40: Funções de pertença: momento, velocidade

As funções de pertença relativas ao momento, velocidade do veículo, rotação do motor e carga de motor encontram-se representadas na Figuras 9.40 e 9.41 usando o Matlab.

O conjunto de regras capazes de representar o conhecimento necessário à implementação do Piloto Automático e o sistema de inferência são ilustrados nas Figuras 9.42 e 9.43. O diagrama de superfície que inclui as relações de entrada-saída e as regras para o problema proposto é ilustrado na Figura 9.44. Esta figura apresenta o sistema difuso que resolve o problema do piloto automático.

Os resultados obtidos com o sistema de inferência descrito nos passos anteriores mostram o funcionamento do piloto automático numa abordagem difusa. A ideia é implementar uma caixa de mudanças automática, ou seja, um sistema que determine qual a mudança mais apropriada. O controlador é um sistema difuso, constituído por um conjunto de regras, com base nas entradas para produzir uma saída.

Saída: mudança - O automóvel deve 'manter', 'subir' ou 'descer' a mudança atual.

Entradas: isto é, que informação é conhecida - *Throttle*: posição do pedal do acelerador (*throttle*); *Speed*: Velocidade atual; Rpm: rotações por minuto; *Load*: esforço do motor.

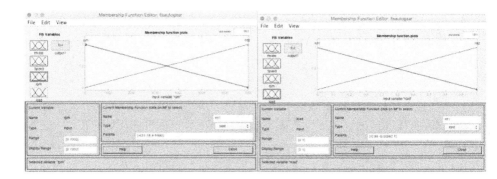

Figura 9.41: Funções de pertença: rotação e carga

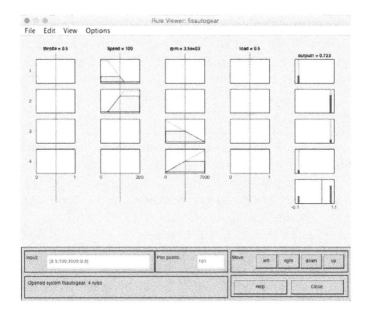

Figura 9.42: Sistema de visualização de regras

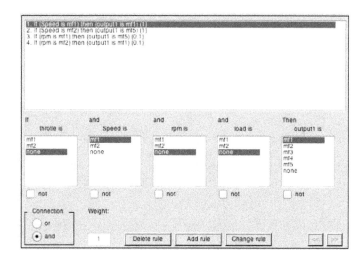

Figura 9.43: Explicitação da base de regras

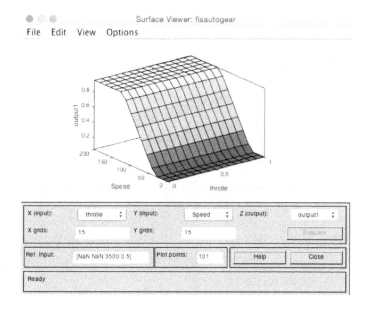

Figura 9.44: Superfície da saída em função do momento e da velocidade

Capítulo 10

Algoritmos Genéticos

Neste capítulo estudamos os Algoritmos Genéticos (GA – *Genetic Algorithms*) que foram desenvolvidos, por um lado, com o intuito de abstrair e explicar rigorosamente os processos adaptativos e evolutivos existentes em sistemas naturais/biológicos e, por outro, para criar simulações em computador inspiradas nos mecanismos originais encontrados naqueles sistemas. Estes algoritmos alcançaram notoriedade pela sua simplicidade e pelo sucesso obtido em diversas aplicações na área da engenharia.

10.1 Introdução

Os algoritmos genéticos foram inicialmente apresentados por Holland nos anos 1960s como uma abstração da evolução biológica, tendo como inovações significativas a utilização conjunta de operadores de recombinação e inversão (além de operadores de mutação) e de um número elevado de indivíduos em cada geração.

Mais tarde, as técnicas de algoritmos genéticos foram trazidas para o espaço de programas computacionais, resultando na programação genética. Os indivíduos que constituem a população sujeita ao processo evolutivo, ao invés de apresentarem cadeias cromossómicas de comprimento fixo, são, na verdade, programas que, quando executados, representam candidatos à solução do problema.

A programação genética representa uma iniciativa de se desenvolver métodos suficientemente complexos e robustos para a geração automática de programas computacionais genéricos.

Os algoritmos genéticos (GA) foram desenvolvidos para:

• Perceber os processos adaptativos dos sistemas naturais;

• Construir sistemas artificiais (computacionais) que possuam as características dos naturais;

• Promover técnicas eficientes e efetivas de otimização que permitam o desenvolvimento de aplicações em diversas áreas científicas e de engenharia.

Para resumir, os algoritmos genéticos permitem resolver problemas de otimização, codificando soluções em cromossomas, criando uma população inicial destes cromossomas e evoluindo essa população durante várias gerações até que, no fim, a solução seja dada pelo cromossoma com maior qualidade (ou aptidão), como veremos mais à frente.

Assim, os GA foram criados com dois propósitos: abstrair e explicar de uma forma rigorosa os processos adaptativos em sistemas naturais e simular computacionalmente os mecanismos de inspiração biológica.

Adicionalmente, têm uma característica essencial de utilização de dois espaços: o espaço de procura e o espaço de solução. O espaço de procura é um espaço de soluções codificadas do problema específico e o espaço de solução é o espaço das soluções efetivas.

As soluções codificadas, ou genótipos, devem ser mapeados nas soluções efetivas, ou fenótipos, antes da qualidade (*fitness*) da solução ser avaliada (ver Figura 10.1):

• Espaço de Procura: espaço onde cada solução é representada computacionalmente;

• Espaço de Solução: espaço onde é possível representar as soluções reais, cuja busca constitui o objetivo do algoritmo.

A adaptação (ou qualidade ou *fitness*, no original em inglês) pode ser definida como a probabilidade de que determinado indivíduo sobreviva para se reproduzir (viabilidade), ou então como uma função do número de descendentes que o organismo produziu (fertilidade).

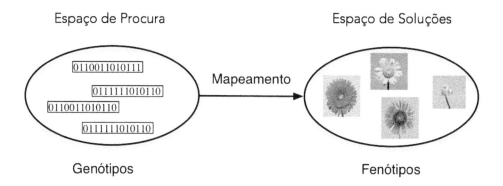

Figura 10.1: Mapeamento de genótipos em fenótipos

Mecanismos Biológicos de Seleção

Os algoritmos genéticos são algoritmos de procura baseados na mecânica de seleção natural e na genética humana. Combinam a sobrevivência do mais apto entre estruturas de sequências, com variação de informação estruturada ainda que efetuada de forma aleatória, para contruir algoritmos de pesquisa que tenham algo semelhante à natureza da pesquisa humana.

Goldberg, 1989

10.2 Origens

As origens da computação evolutiva prendem-se, desde logo, com o interesse do homem no desenvolvimento de processos de imitação da natureza. Durante milhões de anos, as diferentes espécies foram-se adaptando para sobreviver à medida que o meio ambiente mudava.

Da mesma maneira, se poderá ter uma população de soluções potenciais e vão-se escolhendo as melhores até que se adaptem perfeitamente ao meio, no caso da aprendizagem computacional, até que se adaptem perfeitamente ao problema a resolver.

Em termos muito gerais, pode definir-se a computação evolutiva como uma família de modelos inspirados na teoria da evolução. Mais formalmente, refere-se ao estudo do conjunto de técnicas heurísticas baseadas nos princípios da evolução natural com vista à sua aplicação em problemas reais.

Como já foi dito, o desenvolvimento dos GA deve-se a Holland, que nos finais da década de sessenta o século passado, desenvolveu uma técnica que imitava a seleção natural dos indivíduos. Assim, os algoritmos genéticos parte de uma população de indivíduos codificados de forma semelhante aos cromossomas. Cada um destes indivíduos tem associada uma função de avaliação (*fitness*) que mede a qualidade do indivíduo/solução. A sua reprodução tem lugar de acordo com o valor desta função, podendo também cada cromossoma sofrer mutações, como veremos ao longo deste capítulo.

10.3   Bases Biológicas

Na natureza os indivíduos de uma população competem constantemente entre si por recursos naturais como comida, água ou abrigo. Os indivíduos com mais êxito na luta pelos diversos recursos têm mais probabilidade de sobreviver e de ter maior descendência.

Pelo contrário, os indivíduos pior adaptados têm menor probabilidade de sobrevivência e terão um menor número de descendentes ou mesmo nenhum. Isto implica que os genes dos indivíduos melhor adaptados se propagarão num número cada vez maior nas sucessivas gerações.

A ideia subjacente a esta teoria da evolução é a de que a combinação das boas características de diversos antepassados pode originar populações melhor adaptadas ao meio do que os próprios progenitores.

Desta forma, a espécie evolui adaptando-se cada vez mais ao meio de geração para geração.

No entanto, a adaptação de um indivíduo ao meio não está apenas determinada pela sua herança genética. Influem outros fatores que se relacionam, quer com a aprendizagem pessoal (tentativa e erro), quer com a imitação do comportamento dos progenitores, quer mesmo por fatores externos.

Para mimetizar esta aquisição de conhecimento há diversas estratégias de simulação dos GA baseadas na modificação de alguns (poucos) genes de um cromossoma.

Entidades Biológicas Reais

Ecossistema → espécie → população → indivíduo → organismo → órgão → célula

10.3.1 Terminologia

A terminologia usada representa uma analogia com as entidades biológicas reais. Neste sentido, as entidades computacionais corresponderão invariavelmente a estruturas bem mais simples do que os seus equivalentes biológicos:

- **Célula**: unidade estrutural básica dos seres vivos, que se compõe de numerosas partes, sendo as fundamentais a parede ou membrana, o protoplasma e o núcleo. A célula é a menor unidade de matéria viva que pode existir de maneira independente, e ser capaz de reproduzir-se. Toda célula de um mesmo organismo contém o mesmo conjunto de um ou mais cromossomas. Nos seres humanos, cada célula somática (não-germinativa) contém 23 pares de cromossomas;

- **Cromossoma**: estrutura núcleo proteica formada por uma cadeia de DNA (ADN - Ácido DesoxirriboNucleico), sendo a base física dos genes nucleares, os quais estão dispostos linearmente. Cada espécie apresenta um número característico de cromossomas. Quando os cromossomas são arranjados em pares (cada cromossoma proveniente de um dos progenitores), os respetivos organismos são chamados diplóides. Organismos cujos cromossomas não se apresentam aos pares são chamados haplóides;

- **Recombinação**: consiste na troca aleatória de material genético entre dois cromossomas;

- **Genes**: blocos funcionais de DNA, os quais codificam uma proteína específica. É a denominação que damos hoje ao fator mendeliano. Cada gene está localizado em uma posição (locus) particular do cromossoma. Quando dois genes se comportam segundo a 1ª lei de Mendel e se encontram no mesmo locus de dois cromossomas homólogos. Para exemplificar, é possível pensar um gene como o responsável pela definição de uma característica do indivíduo, como a cor dos olhos, são ditos alelos. As diferentes colorações (azul, castanho, etc.) correspondem a alelos;

- **Epistasia**: interferência funcional entre genes localizados em posições diferentes. Como muitos organismos apresentam células com mais de um cromossoma, o conjunto de todos os cromossomas compõe o material genético do organismo, denominado genoma.

10.4 Componentes de um Algoritmo Genético

Um GA parte de um problema para resolver e é constituído por:

1. Técnica de codificação (gene, cromossoma)

2. Procedimento de inicialização (criação)

3. Função de Avaliação (ambiente)

4. Seleção (reprodução)

5. Operadores Genéticos (mutação, recombinação)

6. Parâmetros do Algoritmo (prática e arte!)

Algoritmo 6 Algoritmo GA

Input: Problema, População, Parâmetros
1. Inicializar população;
2. Avaliação da população;
3. While Critério de paragem não atingido
    3.1 Selecionar os progenitores da reprodução;
    3.2 Efetuar a recombinação e mutação;
    3.3 Avaliar a população;
Output: Solução do problema

A Figura 10.2 apresenta o esquema do ciclo de reprodução de um GA apresentado no Algoritmo 6. Podemos então verificar que começamos com uma população que representa as potenciais soluções para o nosso problema de forma codificada. Essa população é avaliada e, de acordo com o resultado

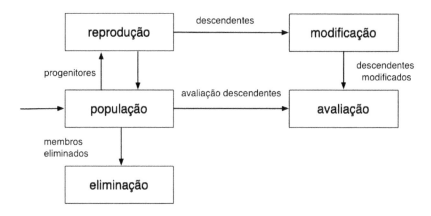

Figura 10.2: Ciclo de reprodução de um algoritmo genético

da avaliação, alguns dos indivíduos da população serão selecionados para reprodução (serão progenitores) e outros para eliminação.

Ao longo das próximas secções vamos apresentar com algum detalhe o processo de cada passo deste algoritmo.

10.5 Codificação de Problemas

Como se pode verificar pela análise da Figura 10.2, o primeiro passo antes de aplicar o GA é a codificação dos indivíduos (potenciais soluções). Na Figura 10.3 apresenta-se um exemplo interessante, em que um indivíduo representa os pesos de uma rede neuronal. Pode observar-se do lado esquerdo da Figura 10.3 a colocação sequencial de acordo com as posições na arquitetura da rede (lado direito da Figura 10.3). Trata-se apenas de um exemplo, pois cada problema terá as suas características específicas que levarão a representações também elas específicas. Em qualquer dos casos, como referido anteriormente, para avaliar um indivíduo (genótipo ou potencial solução) representado no espaço de procura, será necessário transforma-lo num fenótipo que se encontra no espaço de soluções e tem uma correspondência real no problema a resolver.

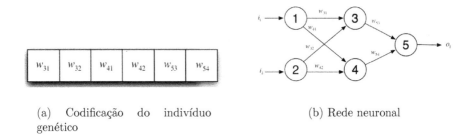

(a)   Codificação   do   indivíduo   (b) Rede neuronal
genético

Figura 10.3: Exemplo de codificação: rede neuronal

10.6   Operadores Genéticos

Para o passo de evolução de uma geração para a seguinte, recorremos aos
operadores genéticos. Os mais utilizados são os operadores de seleção, recombinação, cópia e mutação. Vamos estudar com mais detalhe cada um
deles.

10.6.1   Seleção

Os algoritmos de seleção têm como objetivo escolher quais os indivíduos
que vão ter oportunidade de se reproduzir. Neste processo, tenta-se imitar
a natureza pelo que serão escolhidos para se reproduzir os indivíduos da
população mais aptos, ou seja, os que têm melhor resultado na função de
avaliação ou de ajustamento (*better fitted*).

No entanto, não devem ser eliminados da população todos os indivíduos
menos aptos pois tal significaria que após algumas gerações a população se
tornaria homogénea. Uma opção bastante comum é selecionar o indivíduo
que participa no processo de recombinação por um dos métodos que a seguir
se descrevem, sendo o outro escolhido de forma aleatória.

Seleção por Roleta

A seleção por roleta atribui a cada indivíduo de uma população uma probabilidade de passar para a próxima geração que é proporcional à sua função
de ajustamento medida em relação ao somatório das funções de fitness de
todos os indivíduos da população. Assim, quanto maior esse valor, melhor

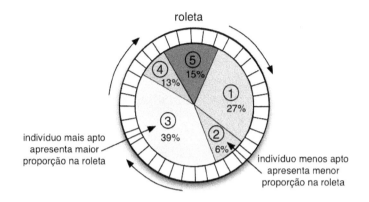

Figura 10.4: Mecanismo da roleta

a qualidade de um indivíduo, e maior a probabilidade dele passar para a próxima geração. Por outras palavras, os melhores receberão uma porção da roleta maior.

Note-se que a seleção de indivíduos por roleta (ver Figura 10.4) pode fazer com que o melhor indivíduo da população seja perdido, ou seja, não passe para a próxima geração. Uma alternativa é escolher como solução o melhor indivíduo encontrado em todas as gerações do algoritmo. Outra opção ainda é simplesmente manter sempre o melhor indivíduo (ou os M% melhores indivíduos) da geração atual na geração seguinte, estratégia essa conhecida na literatura como seleção elitista.

Seleção por Diversidade

Neste mecanismo são selecionados os indivíduos mais diversos entre si da população. A ideia subjacente é a de que o favorecimento da diversidade procure garantir que o espaço de soluções é melhor representado, procurando assim evitar que zonas onde potencialmente possa estar a solução sejam sempre representadas.

Neste caso, podem ser adotados critérios adicionais relacionados com a valor de *fitness* de cada solução.

Seleção Bi-Classista

Neste mecanismo são selecionados os M% melhores indivíduos e os (100 − M)% piores indivíduos. Neste caso garante-se o desempenho de uma parte dos indivíduos selecionados, garantindo-se simultaneamente alguma diversidade pela escolha de indivíduos com menor desempenho.

Seleção Aleatória

O mecanismo de seleção aleatória, como o próprio nome indica, seleciona aleatoriamente N indivíduos da população. Podemos subdividir este mecanismo de seleção em:

- Seleção aleatória A: seleciona-se o melhor indivíduo e os outros aleatoriamente;

- Seleção aleatória B: selecionam-se aleatoriamente todos os indivíduos.

Seleção por Torneio

O mecanismo de seleção por torneio é um dos mais refinados processos de seleção, por permitir ajustar a pressão seletiva. A seleção é feita pelo número de vitórias de cada indivíduo em q competições contra oponentes aleatórios da população, sendo que vence uma competição aquele que apresentar a maior função de ajustamento (quando comparado à do seu oponente). Para propósitos práticos, $q \leq 10$ conduz a uma forte pressão seletiva, enquanto valores de q entre 3 e 5 levam a uma fraca pressão seletiva. Para $q = 1$, temos essencialmente *"random walk"* e para $q \to$ inf temos simplesmente a seleção por ordem de valor da função de avaliação, sem nenhuma aleatoriedade.

10.6.2 Recombinação

O operador de recombinação também conhecido por *"crossover"* combina as características de dois progenitores para formar dois descendentes similares. É aplicada numa posição aleatória com uma probabilidade denominada probabilidade de *"crossover"*, P_c. O operador de *"crossover"* mais comummente usado é a recombinação de um ponto. Muitos outros tipos de recombinação têm sido propostos tais como: recombinação de dois pontos, recombinação uniforme e recombinação aritmética. Seguidamente analisaremos o significado deste operador com mais detalhe.

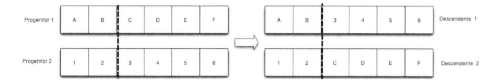

Figura 10.5: Recombinação de um ponto

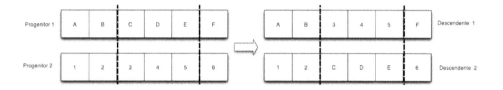

Figura 10.6: Recombinação de dois pontos

Recombinação de um Ponto

Para a aplicação deste operador são selecionados dois indivíduos (pais) e a partir dos seus cromossomas são gerados dois novos indivíduos (filhos). Para gerar os filhos, seleciona-se um mesmo ponto de corte aleatoriamente nos cromossomas dos pais, e os segmentos dos cromossomas criados a partir do ponto de corte são trocados. A Figura 10.5 ilustra este procedimento.

Recombinação de dois Pontos

A Figura 10.6 ilustra o processo de recombinação de dois pontos em que o material genético dos progenitores se troca em dois pontos.

Recombinação Uniforme

A recombinação uniforme é uma técnica diferente das anteriores. Cada gene dos descendentes tem a mesma probabilidade de pertencer a um ou ao outro progenitor. Embora se possa implementar de diversas formas, a técnica implica a geração de uma máscara de recombinação com valores binários. Se numa das posições da máscara está um 1, copia-se o gene situado nessa

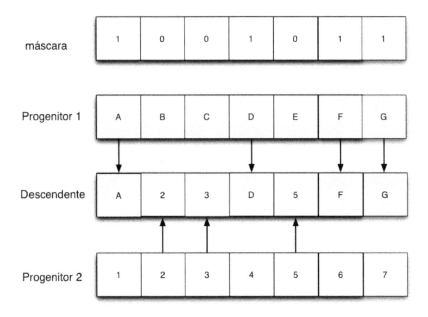

Figura 10.7: Recombinação uniforme

posição num dos descendentes do primeiro progenitor. Se pelo contrário está um 0, copia-se o gene do segundo progenitor. Em relação ao outro descendente, troca-se o papel dos progenitores ou, de forma equivalente, troca-se a interpretação dos zeros e uns da máscara.

Tal como se ilustra na Figura 10.7, os descendentes contêm uma mistura do material genético dos progenitores. O número de pontos efetivos de recombinação é fixo, mas será no limite $L/2$, sendo L o comprimento do cromossoma (número de alelos nas representações binárias ou de genes noutro tipo de representações).

10.6.3 Mutação

O operador de mutação altera arbitrariamente um ou mais componentes de uma estrutura selecionada de modo a aumentar a variabilidade da população. Embora se possam selecionar os indivíduos diretamente da população e efetuar a mutação antes de os introduzir na nova população, usualmente este

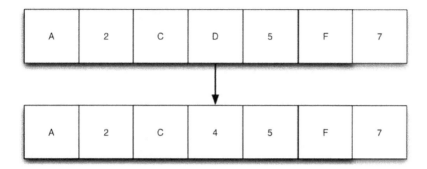

Figura 10.8: Mutação

operador utiliza-se de maneira conjunta com a recombinação.

Assim, num dos descendentes efetua-se uma mudança aleatória de acordo com uma probabilidade definida por taxa de mutação ou probabilidade de mutação P_m. A Figura 10.8 ilustra este procedimento.

Desta forma imita-se o comportamento da natureza, pois quando se gera descendência pode ocorrer algum tipo de alteração na passagem de carga genética dos progenitores aos descendentes. A probabilidade de mutação é muito baixa, geralmente inferior a 1%. As mutações realizam-se para tentar garantir que nenhum ponto do espaço de procura tenha uma probabilidade nula de ser examinado.

Tal como se disse acima, a mutação mais usual é a substituição aleatória. Este processo consiste em variar aleatoriamente um gene de um cromossoma. No caso de codificações binárias corresponde a trocar um bit. Também é possível realizar a mutação trocando os valores binários de dois dos alelos do cromossoma. Ainda que não seja muito comum, existem algoritmos genéticos em que nem todos os indivíduos têm cromossomas do mesmo comprimento. Isto implica que nem todos codificam o mesmo conjunto de variáveis. Neste caso existem mutações adicionais como, por exemplo, adicionar um novo gene ou eliminar um já existente.

10.7 Avaliação

Para o funcionamento correto de um algoritmo genético devemos ter um método que indique se os indivíduos da população representam ou não boas soluções para o problema em causa. Com este propósito, a função de avaliação ou de *fitness* define a regra de transição da população atual à próxima população estabelecendo uma medida numérica da qualidade da solução. Na natureza a medida de ajustamento de um indivíduo pode considerar-se como a probabilidade de que ele sobreviva até à idade da reprodução e se reproduza. Esta probabilidade deverá ser ponderada pelo número de descendentes. A probabilidade de 25% numa população de duzentos indivíduos não será o mesmo em valor absoluto quando comparada com uma população de vários milhões de indivíduos. Esta medida permite controlar as gerações do algoritmo genético, desde o número de seleções, cruzamentos, cópias e mutações levadas a cabo.

Uma das formas mais comuns é criar explicitamente uma medida de avaliação para cada indivíduo da população. A cada um dos indivíduos atribui-se um valor escalar por meio de um procedimento de avaliação bem definido. Esta atribuição depende do domínio particular do problema que o algoritmo genético procura resolver. Podem considerar-se quatro tipos de funções de avaliação, como mostramos de seguida.

Fitness Puro: $r(i, t)$

$$r(i, t) = \sum_{j=1}^{N_c} |s(i, j) - c(i, j)| \tag{10.1}$$

em que $s(i, j)$ é o valor desejado para o indivíduo i no caso j, $c(i, j)$ é o valor obtido pelo indivíduo i no caso j e N_c o número de casos.

Por exemplo, imaginemos uma população de formigas que devem encher a despensa no inverno. A qualidade de cada formiga será avaliada pelo número de grãos de comida que consiga acartar para o formigueiro.

Nos problemas de maximização, como no caso anterior do formigueiro, os indivíduos com um *fitness* puro elevado serão os mais interessantes. Pelo contrário, nos problemas de minimização, interessarão os indivíduos com um *fitness* puro reduzido.

Fitness Standartizado: $s(i, t)$

$$s(i, t) = \begin{cases} r(i, j) & \text{minimização} \\ r_{max} - r(i, j) & \text{maximização} \end{cases} \tag{10.2}$$

No caso de problemas de minimização emprega-se diretamente a medida de *fitness* puro. Se o problema for de maximização subtrai-se $r(i,j)$ de r_{max}.

A métrica da qualidade de um indivíduo será maior quanto mais próximo de zero for a sua função de avaliação. Portanto, dentro da geração t, um indivíduo i será melhor que um j se verificar a desigualdade $s(i,t) < s(j,t)$.

Fitness Ajustado: $a(i,t)$

Obtém-se aplicando a transformação:

$$a(i,t) = \frac{1}{1 + s(i,t)} \qquad (10.3)$$

Desta maneira, o valor de *fitness* ajustado terá valores no intervalo . Quando mais se aproxime o *fitness* ajustado de um indivíduo a 1, maior será a sua qualidade.

Fitness Normalizado: $n(i,t)$

Os tipos diferentes de *fitness* que vimos referenciam unicamente a qualidade do indivíduo em questão. O *fitness* normalizado introduz um novo aspeto: indica a qualidade de uma solução em relação ao resto de soluções represen- tadas na população. Considerando uma população de tamanho N, o *fitness* normalizado obtém-se por:

$$n(i,t) = \frac{a(i,j)}{\sum_{k=1}^{N} a(k,t)} \qquad (10.4)$$

Da mesma forma que o *fitness* ajustado, também o normalizado terá valores no intervalo $[0,1]$, com melhores indivíduos quanto mais próximo da unidade. Mas, a diferença em relação ao anterior é que um valor próximo de 1 não só indica que esse indivíduo representa uma boa solução do problema, mas é também uma solução destacadamente melhor do que as proporcionadas pelo resto da população.

Em suma, os valores do *fitness* normalizado de todos os indivíduos de uma população darão sempre 1.

10.8 Aplicações

Vamos agora apresentar um conjunto de aplicações que exemplificam o funcionamento e aplicação dos GA. A ideia subjacente é a de aplicar GA em problemas em que:

- As soluções alternativas são demasiado lentas ou complexas;

- É necessária uma ferramenta exploratória para encontrar novas abordagens;

- O problema é semelhante a um já resolvido por GA.

10.8.1 Otimização de uma Função Simples

Vamos apresentar um exemplo otimização de funções, nomeadamente o exemplo de encontrar o mínimo da função:

$$f(x) = \begin{cases} -\exp(-(\frac{x}{100})^2) & \text{para } x \le 100, \\ -\exp(-1) + (x - 100)(x - 102) & \text{para } x > 100 \end{cases} \tag{10.5}$$

Para este problema vamos usar a toolbox de otimização do Matlab. A Figura 10.9 apresenta a representação da função, obtida no Matlab que, como podemos ver apresenta um mínimo global em $x = 101$ com o valor de $-1 - \frac{1}{e} = -1,3679$ e tem um mínimo local em $x = 0$ com o valor de -1.

Para gerar este gráfico no Matlab, começamos por implementar a função, que podemos chamar two_min.m:

```
function y = two_min(x)
if x <= 100
y = -exp(-(x/100).^2);
else
y = -exp(-1) + (x-100)*(x-102);
```

De seguida podemos usar o seguinte excerto de código para gerar efetivamente o gráfico:

```
t = -10:.1:103;
for ii = 1:length(t)
y(ii) = two_min(t(ii));
```

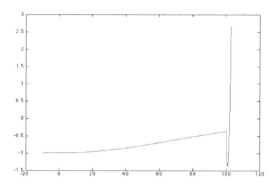

Figura 10.9: Representação da função

```
end
plot(t,y)
```

Vamos então tentar encontrar o mínimo da função usando um GA usando a toolbox de otimização do Matlab, que pode ser iniciada na interface, na zona de Apps, ou através da linha de comandos com:

```
optimtool('ga')
```

Este comando abre a janela da toolbox de otimização que se mostra na Figura 10.10. Como se pode observar esta janela tem 3 zonas: Problem setup and results; Options; Quick reference. Na primeira zona define-se o problema, temos a possibilidade de correr o algoritmo (Start) e são apresentados os resultados. Na zona de opções definimos as opções de acordo com o algoritmo escolhido (neste caso GA). E finalmente na zona mais à direita temos uma ajuda que varia de acordo com o que estiver selecionado nas outras duas zonas.

Vamos então definir o nosso problema, como apresentado na Figura 10.10. Começamos então por escolher GA – Genetic Algorithm no solver, ou seja no algoritmo de otimização que vamos usar.

A função de *fitness* será a função two_min criada anteriormente. Para o indicar, escreve-se @two_min na zona *fitness function*.

Antes de arrancar o interface para correr o GA com parâmetros por omissão, basta indicar que só temos uma variável em Number of variables. O resultado é apresentado na Figura 10.11.

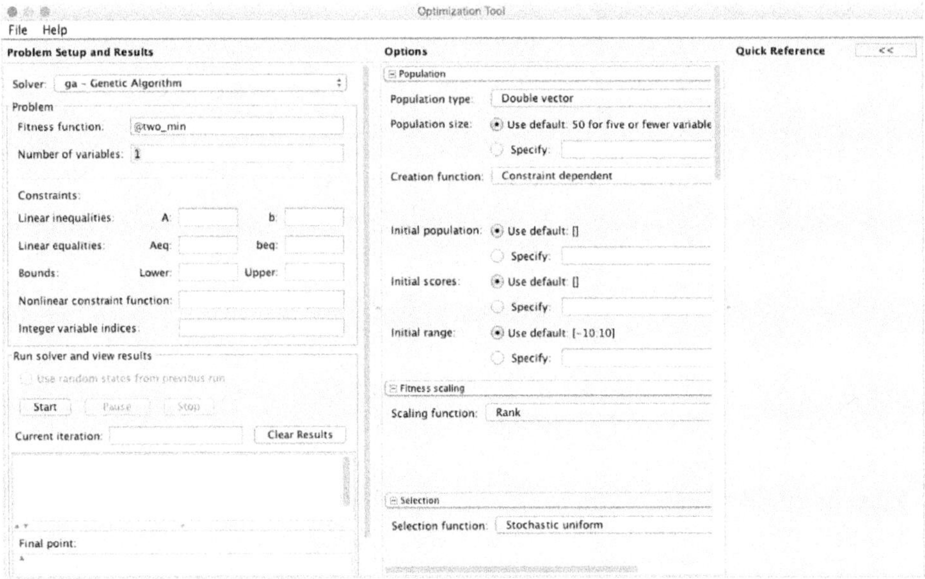

Figura 10.10: Interface da toolbox de otimização do Matlab

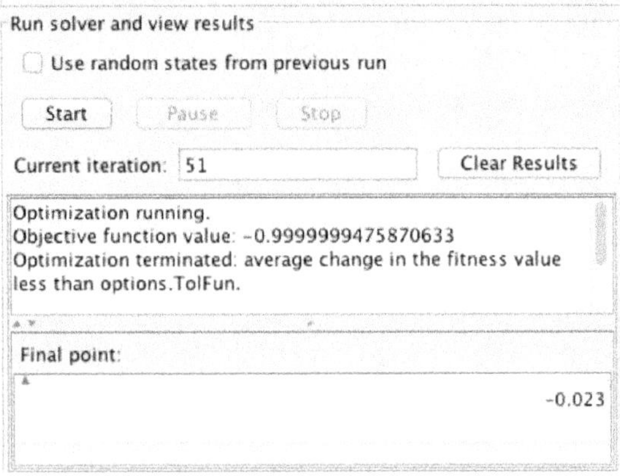

Figura 10.11: Resultado inicial do GA

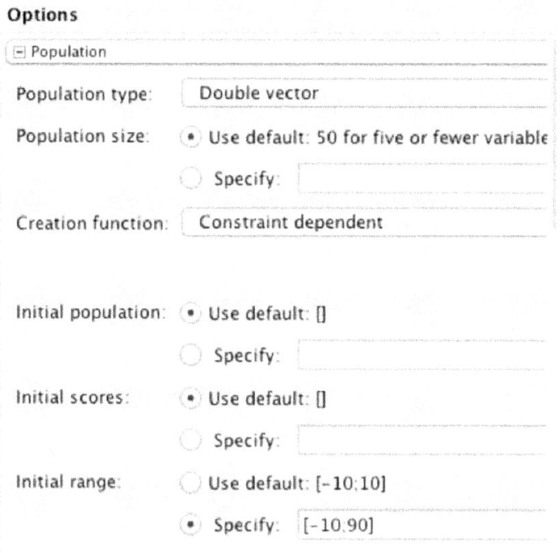

Options

☐ Population

Population type:	Double vector
Population size:	⦿ Use default: 50 for five or fewer variable
	○ Specify:
Creation function:	Constraint dependent
Initial population:	⦿ Use default: []
	○ Specify:
Initial scores:	⦿ Use default: []
	○ Specify:
Initial range:	○ Use default: [−10;10]
	⦿ Specify: [−10;90]

Figura 10.12: Alteração dos parâmetros do GA

Analisando estes primeiros resultados, vemos que o GA não encontrou o mínimo global, mas sim o mínimo local. Significa que podemos ter de alterar algum parâmetro por omissão de forma a melhorar o resultado.

Muitas vezes o mínimo global não é encontrado por a zona onde ele está não ter sido explorada. Um dos parâmetros que podemos controlar é a gama de valores iniciais para geração da população, nomeadamente o campo Initial range da zona Population. Assim se especificarmos uma gama mais alargada (a gama por omissão é [−10, 10]) poderemos ter melhores resultados.

Vamos especificar uma gama entre -10 e 90 como apresentado na Figura 10.12.

Desta forma ao arrancar (Start) o resultado já vai ser o desejado, como se pode ver na Figura 10.13, ou seja, foi encontrado (aproximadamente) o ponto mínimo.

10.8.2 Problema do Caixeiro Viajante (TSP)

O problema do caixeiro viajante (no original inglês, TSP - *Travelling Salesman Problem*) é um problema típico de resolução com GA. A ideia é existir

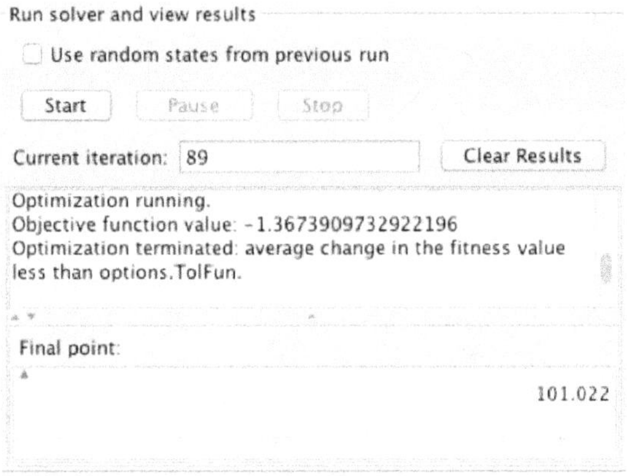

Run solver and view results

☐ Use random states from previous run

Start   Pause   Stop

Current iteration: 89   Clear Results

Optimization running.
Objective function value: -1.3673909732922196
Optimization terminated: average change in the fitness value
less than options.TolFun.

Final point:

101.022

Figura 10.13: Resultado Final do GA

um conjunto de cidades que deve ser visitada, precisamente uma e uma só
vez, por um caixeiro viajante e o problema é definir a ordem por que devem
ser visitadas minimizando a distância do percurso. Consideremos o seguinte
conjunto de cidades:

1) Lisboa   3) Leiria   5) Braga   7) Évora
2) Viseu   4) Faro   6) Porto   8) Coimbra

O primeiro passo do algoritmo prevê a definição da representação. Neste
caso uma representação simples e óbvia é a sucessão das cidades pela ordem
de visita pelo caixeiro viajante.

Temos então, por exemplo, duas listas possíveis, entre muitas:

Lista 1   (8 6 4 1 2 5 7 3)
Lista 2   (1 6 4 5 3 2 8 7)

Na Lista 1 começamos em Coimbra, seguida de Porto, Faro, Lisboa, Viseu, Braga, Évora, terminando em Leiria. Na Lista 2 começamos em Lisboa, seguida de Porto, Faro, Braga, Leiria, Viseu, Coimbra, terminando em
Évora. Facilmente verificamos que nenhuma destas hipóteses será ótima, mas
quanto a encontrar uma solução que seja garantidamente ótima o problema já
será mais complicado (aliás é um problema NP-Completo, como definido no
Capítulo 3). A avaliação de cada solução neste caso também será óbvia, uma
vez que pode ser calculada pela soma das distâncias entre as cidades quando

visitadas por aquela ordem de forma a avaliar o problema de minimização.

De seguida, depois de selecionados os progenitores com algoritmo de seleção desejado podemos aplicar os operadores de recombinação (*crossover*) e de mutação. Por exemplo, supondo que as duas listas acima seriam selecionadas para *crossover*, poderíamos obter um descendente desta forma:

Lista 1	(8 6 **4** **1** **2** **5** 7 3)
Lista 2	(1 6 4 5 3 2 8 7)
Descendente	(1 6 **4** **1** **2** **5** 8 7)

No caso do operador de mutação, a sua aplicação a este descente poderia ser:

Antes	(6 3 **4** 1 2 **5** 8 7)
Depois	(6 3 **5** 1 2 **4** 8 7)

É possível implementar um GA para resolver este caso com alguma facilidade, mas já existem algumas implementações disponíveis, como o se disponibiliza com os recursos deste livro no ficheiro tsp_ga.zip desenvolvido por Joseph Kirk. Descarregando o ficheiro com a função (TSP_GA.m), podemos analisá-lo e usá-lo diretamente no matlab. Uma sugestão (em comentário no código da função) é usar com um conjunto aleatório de pontos que representam as cidades, ou seja:

```
userConfig = struct('xy',10*rand(50,2));
resultStruct = tsp_ga(userConfig);
```

Neste caso o resultado vai sendo mostrado, ou seja, vamos vendo como está a evoluir a solução em cada momento até chegar ao resultado final, que será algo como o apresentado na Figura 10.14. Nesta figura, além do resultado final, são ainda apresentados mais alguns detalhes, nomeadamente a localização das cidades, a matriz de distâncias entre as cidades e a história da melhor solução em cada etapa (ou seja, a evolução do custo de cada solução a evolução da soma das distâncias, que começou acima de 200 e acabou em cerca de 56).

10.9 Desafios para o Leitor Interessado

1. Qual a diferença entre população e indivíduo?

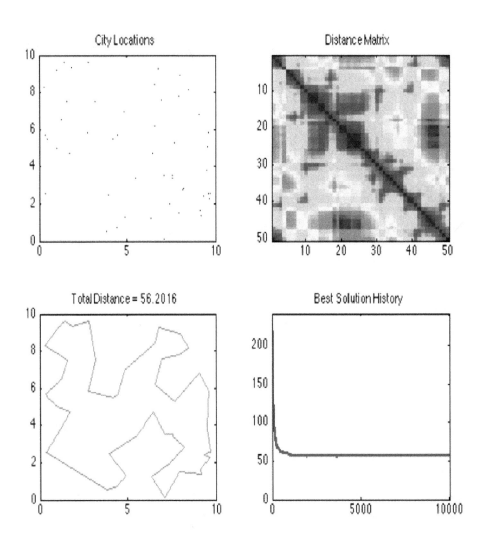

Figura 10.14: Representação da solução para o problema TSP

2. Como se determina a representação de um indivíduo?

3. Explique a forma como os GA se inspiram na biologia. Exemplifique com correspondentes reais para os operadores de seleção, crossover e mutação.

4. No exemplo da função a minimizar usando o Matlab na Secção 10.8.1:

   (a) Qual a gama mínima que teria de definir para a gama de valores iniciais da população de forma a ser encontrado o mínimo global?

   (b) Redefina várias funções a minimizar (com vários mínimos locais) e verifique se consegue encontrar para todas o mínimo global.

5. Adapte o problema do TSP às cidades portuguesas sugeridas. Verifique qual o caminho ótimo.

Índice

www.ingramcontent.com/pod-product-compliance
Lightning Source LLC
La Vergne TN
LVHW022336060326
832902LV00022B/4078